POETICA

Antologie

Herausbeber:
Christian W. Schenk
Lektor: Coralia Schenk
Vorwort: Ana Podaru
Erste Ausgabe
Antologia cenaclului Schenk 2018

© 2018
Herstellung und Verlag:
BoD-Books on Demand, Norderstedt.
ISBN: 978-3-7460-9200-3

POETICA

Antologie

Dionysos

ARIPI DE POEZIE
Frânturi din sufletele autorilor Cenaclului Poetic
Schenk

Cenaclul Poetic *Schenk* a luat ființă din inițiativa scriitorului Christian W. SCHENK (n. 11 noiembrie 1951 în Brașov) medic, poet, eseist, editor și traducător bilingv româno-german, din dorința de a ajuta autorii debutanți, acest cenaclu devenind între timp o adevărată școală de poezie. Mulți autori din acest cenaclu au ajuns să fie apreciați de o serie de scriitori cunoscuți, ca Valeriu Stancu ori Ana Blandiana și promovați în reviste apărute sub egida Uniunii Scriitorilor din România, precum *Poezia* condusă de redactorul șef Marius Chelaru (fondată de Cassian Maria Spiridon), *Convorbiri literare* (fondată de Societatea *Junimea* din Iași în anul 1867) – director Cassian Maria Spiridon, *Banchetul* (fondată de scriitorul eseist Dumitru Velea) și alte reviste importante.

Ca orice cenaclu important, acesta are și un regulament ce subliniază respectarea normelor impuse de fondator, ele aducând un surplus de profesionalism postărilor. Nu de multe ori s-a încercat încălcarea acestor reguli de către autori ce au dorit să se impună încercând să strice nucleul familiar creat, aceștia autoexilându-se în alte grupuri literare. Dorința de evoluție pe plan literar a adus o rubrică ce lasă autorul să-și expună creația literară opiniei critice a celorlalți autori, rubrică îndrăgită de colegii de cenaclu, rubrică ce bate ca o inimă în mijlocul cenaclului, ea fiind masa la care se adună membrii activi pentru a dezbate fiecare poezie din punct de vedere artistic, literar, lingvistic, opiniile critice schimbând de cele mai multe ori structura și forma creației expuse criticii literare. În acest cenaclu fiecare autor încearcă să aducă frumusețea sufletului său asemeni pietrelor scumpe așezate într-o coroană regească. Echipa adminilor este nucleul acestei școli de poezie, profesori, doctori, oameni cu simț estetic care selectează și acceptă lucrările colegilor doar dacă acestea respcă regulamentul intern – nicio poezie nu este primită și promovată în cenaclu fără să fie citită înainte, să fie trecută mai întâi prin filtrul ședinței de la masa lor, acest aspect conducând la calitatea creațiilor și a cenaclului. Tot aici debutantul învață că limba română trebuie respectată, că nicio poezie nu poate intra într-un cenaclu cu greșeli gramaticale sau lexicale. Nu toți colegii au curajul de a-și expune lucrările rubricii de analiză și critică literară, unii privesc de pe margine, alții învață să-și tempereze pornirile „critice" ce pot demonta un autor plin de har, învățând să-și argumenteze criticile, căci un principiu de la marele Călinescu sună : *atât afirmi cât explici* . Printre cei mai buni critici-analiști și activi i-aș enumera pe: profesorii Petruș Dincă, Angela Irina Ghintuială, Steluța Crăciun, Jean Cantacuzino (unul dintre susținătorii cenaclului, prietenul maestrului Schenk), doctorul Adrian Vizireanu, Adina Vâlcea, Camelia Oemig, scriitorul Valeriu Stancu, Nicolae Nistor, scriitorul și editorul George Terziu și lista ce poate continua, aceștia ghidându-se după spusele marelui scriitor Tudor Arghezi (mentorul fondatorului acestui cenaclu până în 1965): *„Critica trebuie citită ca o poemă de inteligență și supusă transparențelor și conturelor care regentează toată poezia, indiferent de sensul ei laudativ sau injurios, străin substanței. Această critică nu e dorință, e o realitate și lectura ei constituie în sine o foarte delicată și suavă petrecere intelectuală."*

Unul dintre autorii care au evoluat foarte mult în acest cenaclu este Ion Sorescu, poeziile sale au „crescut" an de an din toate punctele de vedere, postările lui la început erau timide, dar printre rânduri se vedea diamantul neșlefuit de critici, iată că meșterii l-au dus pe autor vizibile împliniri, el pendulând între versul clasic, al cărui împătimit este: *,,Prin mine nu mai curg cuvinte./ Doar pașii praful răscolesc/ Mi-s fum, aducerile-aminte/ Și calde-n gând se cuibăresc"* (*Întoarcere*,12/01/1018, Cenaclul *Schenk*) și cel liber: *,,Am strivit șoaptele/ În scrâșnetul dinților/ Mi-a rămas doar gustul amar/ De cuvinte rănite"* (***Încleștare de gând***, 23/01/2018, Cenaclul *Schenk*), sau *,,păcat de-atâți copaci ce mor/ în cimitirul neputinței lor/ jertfindu-se în foaia de hârtie/ coșciuge pe un/ raft de poezi"* (***Coșciug fără cruci***, 20/10/2017, Cenaclul *Schenk*).

Una dintre autoarele ce-și așterne, «*florile de mac*» în Cenaclul *Schenk* este Eveline Maria Croitoru (pseudonim literar *Atitudini Contemporane*): *,,Cu degetele suferinței,/ Îmi caut/ Primăveri trecute./ Mă văd/ Cu ochiul verde-al minții,/ În tropotiri/ Neîncăpute."* (***Ciutura Tăcerii***, 23/01/2018, Cenaclul *Schenk*), o autoare foarte îndrăgită de colegii de cenaclu, poeziile ei de o sensibilitate angelică aștern pe zidurile acestei școli de poezie culorile curcubeului.

De multe ori s-au dezbătut formele fixe ale poeziei clasice, astfel s-au readus la cunoștință regulile de bază, autorii dând naștere: rondelelor, glosselor, pantumurilor, catrenelor, gazelelor și sonetelor izvorâte din adâncul inimii lor, istoria literaturii fiind pumnul de lut în mâna olarului. Ne-am întâlnit și cu poezia japoneză, haiku-ul fiind una dintre poeziile îndrăgite de autori: *,,prima ninsoare –/ pe mesele din tablă/ ultimul ulcior"* – Maria Oprea (18/01/2018, Cenaclul *Schenk*), sau *,,dimineți de toamnă-/ pe trotuare/ contururi difuze"* – Vasi Cojocaru (31/08/2016, Cenaclul *Schenk*).

Cenaclul permite postarea evenimentelor literare din viețile autorilor, ele pot fi însoțite de fotografii de la lansări de carte, prefețe literare ale volumelor editate, participări la evenimente culturale ce țin de istoria

7

literaturii, acest aspect publicitar dând un surplus cunoaşterii vieţii culturale şi cunoaşterii autorilor prin lansarea creaţiilor. O altă ramură importantă a cenaclului este pagina Biobibliografiilor literare, un spaţiu ce permite postarea biografiilor tuturor colegilor interesaţi să-şi le expună.

Pe 18 /04/ 2016 fondatorul acestui cenaclu, scriitorul eseist Christian W. Schenk a organizat o întâlnire cu o parte din membrii săi la Biblioteca Judeţeană „*Ovid Densusianu*" Hunedoara-Deva – Sala de lectură, eveniment moderat de: Paulina Popa, Sebastian Bara şi Dumitru Tâlvescu, el fiind prezent şi la evenimentele literare create de autorii ce şi-au lansat volumele.

Cenaclul găzduieşte poezii de toate genurile, autorii expunându-şi frumuseţea interioară sub diferite forme: „*Bolnav/ cu frică de moarte şi botezat de îngeri/ Într-o noapte cuminte/ m-am născut singur/ printre cuvinte.*" Florentin Palaghia (*La Întrecere cu îngerii*); „*Ştiu, de cuvîntul tău n-am stat aproape/ Şi, Doamne, ţi-am greşit de-atîtea ori,/ Că ochii tăi în care-o lume-ncape/ M-au fulgerat adesea mustrători*", Valeriu Stancu (*Invocaţie*); „*soarele străluceşte cu raze de păsări/ e atât de primăvară / încât înfloresc cuiburile / sub streaşinile caselor părăsite*", Daniela Ciurariu (*Extaz*); „*pleoapele poeţilor când scriu/ cuvinte de ceară,/ le lipesc pe suflet/ şi noi le furăm/ ca să trăim frumos*", Medeea Roşca (*Poeţilor*); „*trebuie să auzim mereu clopotul lunii/ bătând îndelung a înserare*", Dan Tipuriţă (*Fructul focului*); „*când ne iubim/ la umbra noastră curge raiul/ ni se-ndulceşte sufletul ca mierea*", Alexandru Iancu (*Nemărginire*); „*Voi aranja corbii în formă de stea/ şi pescăruşii vor desena un munte*", Daniel Dumitru (*Atunci*); „*În salturi trec cerbi, căprioare,/ Ca umbre din codrii adânci,/ Zăpada sclipeşte sub soare/ Şi-atârnă cristale pe stânci*", Angela Irina Ghinţuială (***Flori de iarnă***); *,,/noaptea este liniştea unui cavou/ totul se scurge simetric prin memoria unei lacrimi / cu parfum vechi şi virgin*", Radu Chiorean (***Altfel de vis***); *,,Dar zilele nu-s numai lapte şi miere,/ Nu! Nu ştie omul ce poate săndure!*", Ovidiu Oana-Pârău (***Picus-Ciocănitoarea***); *,,Logica-i în antiteză, veşnic,/ Dragostea-i pe drumuri călătoare,/ Visul este doar o paranteză,/ Viaţa e o camătă ce doare.*" Neagu Costel (***Excelsior – Visul este doar o paranteză***); *,,şi nu mai plâng/ acolo-ntre iarnă şi vară/ unde cerul e larg şi pereţii nu-i strâng/ şi rănile uită să doară*", Adrian Vizireanu (***Acolo***); *,,Statui de visători, sculptate-n lut,/ Iubirea ne insuflă zilnic viaţă,/ Pe-o pistă scufundată-n absolut –*", Camelia Oemig (***Statui de visători***); *,,pasăre de-aş fi sau înger aripile le-aş desface/ ca să zbor spre tine soare cu sămânţa din găoace,/ tu să fii culcuş de vise... cu căldura ta ai coace/ jurămintele dospite, să fiu lacrimă mi-ar place...*", Ana Podaru (***De-aş putea***). Spicuind printre filele arhivei cenaclului întâlnim poezii de o valoare incontestabilă ale autorilor: Dania Badea, Dana Ene, Camelia Ardelean, Adina Velcea, Mitică Horlaci, Antonela Stoica, Dorin Culcea, Evra Gart, Maria Agapi, Matei Pilea, Monica Spinoche, Dora Pascu, Anna-Nora Rotaru, Eugenia Mihu, Laura Buiciuc, Maria Ileana Tănase, Tatian Dragotă, Faraon Raluca, Adriana Papuc, Simona Şerban, Cecilia Birca, Nicolae Nistor, Gabriela Mimi Boroianu, Ludmila Vârlan Turcu, mArinela Balu-Copşa, Florin Golban, Oana Frenţescu, Elena Liliana Popescu, Bota Lucia Victor, Guşa Titus, Alexandru Maier, Mariana Nelly Păscălin, Vasile Dan Marchiş, Dinică Cristian Ovidiu, Maria Drăgan, Iulia Paţiu, Garofiţa Jianu, Mariana Cornea, Ioan Daniel Bălan, Emilia Rancz, Mihail Coandă,- Rîpa, Carmen Mihaela Cheţu, Gabriel Dinu şi foarte mulţi alţi autori care au îmbogăţit acest spaţiu virtual cu frânturi din sufletele lor.

Maestrul Cristian W. Schenk, aşa cum îl numesc membrii cenaclului, a dăruit din traducerile sale, poezii ale marilor scriitori ai lumii: *„Eu nu ştiu ce-i astăzi cu mine,/ De ce gânduri triste-mi răsfir,/ Un basm din vremuri străbune/ Îmi fulgeră iar amintiri.''* Heinrich Heine (**Loreley**); *„Când îţi doreşti ceva, nu-i nimeni pentru tine/ să-ntindă un pahar să bei''*, Rainer Maria Rilke (**Tu, vecine Dumnezeu**); sau chiar din creaţia sa: *„Zâmbetul lacrimilor voastre/ Plâng hohotul de râs al celor noi/ Ce vin să vă înţeleagă lupta cu litere, copite şi cuvinte.''* (**Cei noi – Colegilor mei impuşi în literatură**).

Cenaclul poetic **Şchenk** rămâne în inimile autorilor coroana regească bătută cu pietre preţioase, şcoala de poezie ce le-a netezit calea spre eternitate, locul în care înţelepciunea din cuvinte atinge albastrul cerului, un loc unde aripile sunt întinse spre cer, un loc unde se învaţă zborul înalt. Să lăsăm loc cititorului să zboare împreună cu noi în această antologie ce cuprinde frânturi din sufletele membrilor cenaclului.

Ana Podaru

CRĂCIUN STELUȚA

Hansel și Gretel

În gura cuptorului
cenușa strigătelor s-a răcit de mult,
iar bătrânica
a dispărut, mătura la fel.
Din resturi
se înfiripă o jucărie arsă
imaginația copilului hotărăște:
e o girafă
după ce degetele
o acoperă cu pete de ciocolată,
ea își lungește gâtul
până la creangă baobabului.
De sus
se uită fără frică
la foamea leoaicelor
pentru că știe sigur
că n-au atâta imaginație
încât s-o recunoască
și apoi
cât de flămânde să fie
ca să sfâșie
o girafă de jucărie?

Ultimul ghilotinat

Ajuns la ceea ce se presupunea imperios
a fi capătul drumului,
ostenitul își descălță bocancii cu talpă de oțel
cu care bătuse viața

11

(şireturile i le luaseră)
întrebându-se
de ce naiba crezuse în poveste -
nu-i folosise la nimic
şi uite ce răni avea acum la călcâie.
Partea bună, oftă el uşurat,
e că o să scape în sfârşit
de povară spinoasă a gândurilor
la care altădată n-ar fi renunţat
nici în ruptul capului.
Când i se spuse că are dreptul
la o ultimă dorinţă,
ceru să i se aducă
un petec de iarbă trandafirie
pe care să stea aşa, cu turnul -
câine credincios
culcat la picioarele lui,
privind apusul,
undeva, pe Champ de Mars.

Cum vă place

Am mers pentru o banală consultaţie
şi mi-a zis: e grav,
dar operabil -
rezolvăm printr-o incizie minoră.
De unde să ştiu că chirurgul
nu era chirurg
ci un mr bean
nimerit întâmplător în cabinet.
În plus avea cataractă
şi un tremur uşor al mâinilor
care se oprea dacă bea ceva înainte -
de-aia asistentele ascundeau spirtul medicinal.

Dar eu nu ştiam toate astea:
văzusem diplomele de pe pereţi
şi crezusem în ele.
Nenorocitul, m-a operat aşa, pe viu,
de urlau în mine
versurile nenăscute
când mi le scotea cu penseta,
aruncându-le neglijent
peste o grămadă de tampoane
înroşite.
Infirmiera s-a grăbit să le ducă la crematoriu
iar în urmă a spălat bine cu clor.
- Ei, vezi, ai scăpat cu viaţă,
mi-a zis mr bean
(de unde am dedus că exista şi cealaltă variantă)
Acum du-te acasă şi vezi-ţi de treabă!
Ai însă grijă, pentru a preveni o recidivă,
evită orice fel de curent
şi mai ales pe cele literare.

Luciditatea lui Don Quijote

„Câtă luciditate, atâta dramă"
Camil Petrescu

Cad frunze - albatroşi răniţi pe ape,
m-adun în mine, împrejur e frigul;
e-un drum adânc, noroiu-l simt aproape,
şuvoi de temeri negre a spart digul.
Gorgone cu privirea împietrită
se unduiesc perfid, pândindu-mi chipul;
când tot mai des aud: cât poţi, evită,
pe visul meu şi-aşterne colbul timpul.

Odată îmi spuneam: nebuni aceia
ce n-au pe frunți pecetea aventurii.
Acum văd cum iubita Dulcineea
departe-i de candoarea unei hurii.
Nu știu de-aș mai putea să duc vreo luptă:
îmi pare spada grea și-i ruginită,
cămașa cea de zale zace ruptă
și fără aripi, moara-i părăsită.
S-a destrămat în vânt vălul de vrajă -
ce hâd rânjește triumfând realul!
Nici scutierul nu-mi mai stă de strajă
ca să-mi întindă, otrăvit, pocalul.

Albul potop

Iubitule, din norduri înghețate
vin reni și urși polari la ușa noastră:
blăni argintii și coarne răsfirate
ne-au bulucit troiene la fereastră.
Și-n iarna asta grea, medievală
ce-n vifor vântu-i spulberă corola,
tu îmi citești din vechea kalevală,
iar eu sunt preafrumoasa Pohiola.
Eu nu știu cum vom mai răzbate-n lume -
uitați suntem, iar căile-s închise,
dar toate astea poate sunt anume,
s-avem răgaz de vorbe și de vise.
Înfometate haite ne dau roată,
prea neclintite-n hotărâri de pradă,
iar ușa de-o vor sparge, niciodată
c-am existat, nu va mai fi dovadă.

Vrăjeală

Nu te iubeşte bărbatul, zici.
păi cum aşa, că uite,
în cărţi nu se arată altă damă...
O fi obosit
de la cât prăşeşte în grădină -
rai a făcut-o, nu alta!
Uite, ia mărul ăsta
şi când îl prinzi
privindu-te înfometat,
serveşte-i-l ca fel principal.
Apoi ia-l de mână şi du-l într-un colţ
unde-i iarba mai mătăsoasă şi umbra mai adâncă...
Nu te teme de stăpân:
mai aţipeşte şi el
sau măcar întoarce capul, căci se face cu voia lui.
Dar ssst! ăssta sssă rămână sssecretul nossstru.

Despre toamnă şi nu numai

Se-mpiedică gândul în noaptea tăcută,
cad umbre sfârşite de frunze,
mai plânge un ram - discordantă lăută -
stins murmur pe buze.
Cărări se astupă cu straturi foşnite,
trecute iubiri rătăcinde
se-ntorc de departe-n ecouri mocnite,
dar cine le-aprinde?
Iar vântul, tovarăş pe drum neştiut,
scânceşte a frig şi a spaimă,
paşi grei frământând întuneric de lut
o rugă îngaimă.

Şi trecem aşa, neştiuţi, spre sfârşit,
uşor devenim amintire,
trecut cuibăreşte în prezentu-amorţit -
dictat de moire.

Levitaţie

Singur plutesc printre tăceri -
copacii îmi ating tălpile,
făcându-mi cuvenitul semn.
Lumina cade peste mine domol,
spărgându-se pe frunze.
Cioburi scobesc pământul
până în galeriile orbilor,
acolo ascunzându-se.
Nici măcar nu-mi pare rău:
tot mai rar, bătăile inimii
percep, în uzatul decor,
cabotinii ce joacă mima
în faţa unor scaune goale:
maşinistul surd uită mereu să lase cortina.
Cronicarii spun că e un succes:
se joacă cu casa închisă.
Ei nu ştiu că, de fapt,
casieriţa lipseşte de trei zile
-e drept, motivat -
ocupată cu propria înmormântare.

Logos Platonico

E-o lege în toate şi-un rost în tot insul;
prin porţile grele, misterul se-arată
acelui ce-ncearcă tânjind necuprinsul,
pândind o minune ce-i e revelată.
Din logos încearcă să rupă fărâme,
sperând veşnicie şi ordine pură,
banal contingentul tot vrea să-l dărâme,
vânând diamante-n mormane de zgură.
E parte din tot şi asemenea-i chipul
când părţi se relevă ascunse-n cuvinte
doar lui, întâmplatul de azi, arhetipul,
prin vise - uitate aduceri aminte.

Despre cum să faci rost de o plimbare la Paris

(exerciţiu suprarealist)
La piept ţin luna - e-un acordeon
am prins-o într-o noapte pe furiş
şi am înlocuit-o c-un neon
urcat pe muchii de acoperiş.
Încerc tot pe furiş să exersez,
să-mi iasă galben sunetul rotund,
că scârţâitul n-are chichirez
de-n auriu nu pot să mă afund.
Se mai plâng unii că-i trezesc din somn -
zănatec sunt dau cu picioru-n sol,
major să iasă şi să fie domn
şi nu vreun bâlbâit sau mototol .
De fapt nici nu contează, vă spun net
eu vreau să cânt la lună, asta-i tot -
pe Sena vreau să-i zic une chansonette
pe-un bateau mouche, sub un celebru pod.

Doar surzii mă suportă - voce n-am -
la piept țin luna, v-am zis apriori
şi fredonând subtil padam, padam,
o legăn blând s-adoarmă către zori.

Ultimul țărm

Pe o axă ce mintea tot sperând programează,
stă cursorul pe-o clipă: întâmplarea ce-i viață.
Se prefac şarlatanii că ştiu tot şi veghează
mersul strâmb tras de sfoară, tremurat, de paiață.
În prezentul palpabil ne ascundem cu spaimă
şi mimăm veşnicia, doar mental inventată,
prin amor discutabil, ce tot prostul îngaimă.
De-i real sau minciună, cine să mai socoată.
Cu perfide pocale mulți plătesc insomnia,
linii albe marchează spre infern neputința,
indolenți şi apatici ne trăim agonia,
iar în urmă nu-i nimeni să îndure căința.
Înapoi doar regrete, înainte fantasme:
între două proiecții ne uităm cum nebunii,
într-o lume fragilă, stăpânită de iazme
şi demența puterii, hotărăsc moartea lumii.

ALEXANDRU IANCU

Sonată

Hai să mutăm pianul lângă lună,
Să-i adormim pe clape goi
Când curge raiul peste noi
Să mă visezi ca o nebună.

Hai să te ascund suav în carne,
Să vrei în mine ca să mori
Şi să te-mbraci toată-n fiori
Când cerul lacrimi o să toarne.

Hai să te muşc de aripi de plăcere,
Mai sus de tainele albastre
Şi mierea trupurilor noastre
Să se topească-n mângâiere.

Hai să mutăm pianul pe pământ,
Să-mi stai în braţe pentru totdeauna,
Nu-s de ajuns doar notele şi luna,
Eu fără tine nu aş şti să cânt!

La mine în suflet

La mine în suflet stare n-ai,
Stârneşti prin carne erezii,
N-ai aripi dar miroşi a rai
Rostogolită printre poezii.

19

La mine în suflet stare n-ai,
Îmi torni în creier fantezii,
Ascunsă după evantai
Împrăştii în aer poezii.

La mine în suflet stare n-ai,
Ma îmbeti mereu cu frenezii
Când împărţim cu acelaşi pai,
Cocteiluri mari de poezii.

La mine în suflet stare n-ai
Dar nu suporţi anestezii,
Ca pe o cadână din serai,
Eu te despoi de poezii!

Albastrul nu e o culoare

În ochii tăi albastrul nu e o culoare,
Este acelaşi obsedant motiv
De prelungire a cerului în mare,
Prin orizontul sufletului meu naiv.

În ochii tăi albastrul nu e o culoare,
Este adâncul pleoapelor lăsate goale
De un vid creat prin apă, aer şi cristale
Deasupra unei stele căzătoare.

În ochii tăi albastrul nu e o culoare,
Este vitraliul transparenţei din lumină
Prin care îngerii îndrăznesc să vină
La rugăciune, plâns şi înălţare.

În ochii tăi albastrul nu e o culoare,
E disiparea oarbă a unui vis ascuns
Peste neantul de întuneric ce dispare
Ireversibil de privirea ta pătruns.

Natură vie cu irişi

În ochii tăi duioşi, tu porţi sub gene,
Pierduta amintire a viselor fugare,
Amestecate în caruselul de culoare
Când cu privirea în aer faci desene!

În ochii tăi duioşi, tu porţi sub gene,
Un dans de arahnide alungate de lumină,
Ţesând pe ascuns dantelăria fină
A sângelui tău rătăcit prin vene!

În ochii tăi duioşi, tu porţi sub gene
Desprinderea din somn a unui înger,
Hermafrodită ca şi florile de sânger,
Privirea ta e cea mai dulce lene!

Geneză

Întotdeauna aşteptarea,
Nesiguranţa si începutul,
Pornesc din încleştarea
Olarului cu lutul.

Sub mângâierea lui amară,
Brăzdată de durere multă,
Pământul-neîmblânzită fiară,
Învaţă, se supune şi-l ascultă.

Asupra timpului izbândă,
Supusă orbului noroc,
Creaţia moale si plăpândă,
Desăvarşită e prin foc.

Sunt trupurile noastre lut,
Ca gust, miros, culoare , formă,
Amestecate în noul conţinut
Al vieţii în care se transformă!

Necunoscut este tiparul
În căutarea unor forme noi,
Dar suflet dacă nu a pus olarul,
Se schimbă totul în noroi!

Verde

De toamnă durut,
Nepăsător nu trec,
Pe frunza ce-a căzut,
Cu sufletul m-aplec.

Culoarea i-a pierdut
Un vânt uşor zălud,
Trezită sub sărut,
Cum mă respiră, aud.

Mi-e încleştată gura
Pe fragede cuvinte,
Se caţără nervura
Prin sângele fierbinte.

Acolo în genunchi,
Rănit de efemer,
Asemeni unui trunchi,
Întind brațe spre cer.

Mă răstignește mila
Și nu pot să o înfrâng,
Plutește clorofila
În lacrima ce-o plâng!

Beție

Cu ochii negri ca de smoală
Și pielea mirosind a rai,
Ce drac de înger îmi erai
Când alergai prin ceruri goală!

Cu buze mute de-orice grai
Zâmbeai cuprinsă de sfială,
Când te doream la mine-n poală,
Și te chemam cu ochii: hai!

Cu sânge atins de fierbințeală,
La mine-n brațe te topeai
Când amândoi sorbeam c-un pai,
Cocteiluri mari de-ndrăgosteală!

Arheologie

Te apleci asupra mea curioasă,
Ai ochii calzi ca miezul unei pâini,
Fiinţa mea ca în trecut se lasă,
Să o frămânţi din nou în mâini .

Îmi împarti carnea în trăiri,
Deoparte dai ce crezi că-i mort,
Nu te găseşti acolo şi te miri,
În carnea mea că nu te port.

Iei sufletul şi-l tai mărunt
Fâşii neverosimil de înguste
Şi îl intinzi pe pâine ca pe unt,
Curiozitatea ta să-l guste.

Tăioşi ţi-s dinţii dar nu ţip
Când muşti din sufletu-mi rebel
Scrâşnesti la gustul de nisip
Şi plângi că nu te regăseşti în el.

Mă doare căutarea ta în mine
Dar nu mai pot să mă desprind
Cu inima şi sângele-n ruine
Cetate învinsă oasele-ţi întind.

Deodată ţipi prin osul rupt
Simţi trupul tău cum e durut,
Te doare laptele rămas nesupt,
La pieptul tău când m-ai ţinut.

De acolo rătăcind cu gura,
Eu calciul oaselor ți-am tras
Și mi-am clădit arhitectura
Puterii de a face primul pas.

De când îmi căutam contururi,
Visând identitatea mea de sine,
În oase tu mi-ai fost de-a pururi,
Adânc te-ai îngropat în mine.

Acum că te-ai găsit de buna seamă
Ți-ai încheiat al căutarii ceas,
Acum ești fericita scumpă mamă,
Din mine întreg ce-a mai rămas?

Regăsire

Visam nebun o nouă facere a lumii,
Prea imatur când pregatită tu ai fost,
Ascuns ca-n pântecul suav al mumii
În tine am stat atunci la adăpost.

Atât de interior și tainic viețuiam
Că dinlauntrul tău îmi devenise casă
Și prin fereastra ochilor tăi orb priveam
La întreaga lume cât e de frumoasă.

Nu am știut că timpul ne săpa adânc
În trup creneluri reci numite riduri,
Erai o ploie care ar fi trebuit s-o plâng
De n-aș fi fost un cer acoperit de ziduri.

Cu un anotimp s-a împotrivit pământul
Topindu-ți voalul când te-am vrut mireasă,

Mereu te-a alungat din creier gândul
Şi doar în suflet te-am simţit rămasă.

Cu un alfabet ciudat din semne goale,
Nici n-am dorit ca să ma înveţi iubirea
Când eu prin toate labirinturile tale
Eram nespus de fericit cu rătăcirea.

Din noaptea aceea nepătrunsă a firii
Nu m-am gandit că voi ieşi prin timp afară
Dar sângele aprins de dor ca trandafirii
Se închega la tine-n suflet ca să moară.

Te-am părăsit neştiutor că-i prea devreme,
Eu ca să plâng tu-n urma mea să suferi
Şi am ascultat iluzia venită să mă cheme
Fără să văd noroiul albilor ei nuferi.

Azi regăsiţi printre amintirile de altadată
Eu doar atât să-ţi cer iubito aş mai vrea
Cum nu se poate să mai fiu al tău vreodată
Tu să rămâi ce-ai fost: copilăria mea!

Aşteptare

Tot trec grăbit iluziile prin mine,
Din ele inseşi niciodată nu coboară,
Le văd la geam distante si străine
La fel ca aşteptarea mea amară

Neliniştit privesc in fiecare seară
Şi mă întreb cât mai durează până vine
La mine-n suflet hotarâtă ca să moară
Ea cea mai Annă dintre Karenine

Se vor opri atunci in mine prima oară
Trei lacrimi, două linii , trenul si o gară!

Îmblânzirea

Când apropierea ta ne-a ațâțat feroce,
Ca lupii in haită noi am dat ocol
Inchipuirii tale si am mușcat in gol
Din umbra unor forme vagi si echivoce.

Venită prin zigzagul fulgilor de nea
Tu nonșalantă ne-ai umplut vazduhul,
I-ai fericit ușor pe cei săraci cu duhul
Îndrăgostiți de varul urmelor de bidinea.

Privirea ta am acuzat-o de avangardă
Pe ascuns ți-am sărutat nebuni rimelul
Si am așteptat cu limba scoasă zăhărelul
Noi cățelușii tăi îndrăgostiti de zgardă.

Din lupii care am fost cu fantezie
Ne-ai imblânzit deși făceam pe durii,
Lătram la tine negri in cerul gurii
Si azi ne gudurăm pe lângă tine Poezie

Rugă pentru neiubire

Atât iți cer nu mă iubi,
E clipa timpului grăbită
Și bucuria împreună de a fi
E singura ce merită trăită

E totul doar o întamplare
Nu crede-n astre sau destin
În braţe strânge-mă mai tare
Nu te minţi că-ţi aparţin

Suntem si martori si eroi
Acestei clipe veşnic trecătoare
Atâţia alţii au trăit-o ca şi noi
 Şi noi ca ei-vom fi uitare!

Melancolie

De gustul slab al simţurilor casc,
Unde e dragostea ca să mă îmbăt?
Mai poţi reface iarăşi viaţă îndărăt
Din boasca trupului trecut prin teasc?

Ce-a mai rămas e un vin de mâna a doua,
Mi-e sufletul ca Polul Nord- departe hăt!
Hangii pun pe ascuns în vin omăt,
Adorm ca să visez cum mă îmbăt cu roua!

VALERIU STANCU

Balada petalei de crin

Aprinde veacul ruguri de cleştar
Ninsori de flaut, picură lumine...
În nefîrşita linişte ce vine
Se gîndură şi tîmpla, iar şi iar,
 Că bate ceasul fără minutar

Un infinit într-un potir de crin
– Nervuri de foc, parfumuri de zăpadă –
Cînd în ţărînă raza-i va să cadă,
Cu ea murim şi noi cîte puţin :
În "Diotima", "Faust" ori în "Spleen"

În rostul lumii, sorii de nisip
Învolbură văzduhu-ntemeierii
Croind pe veci abisului imperii
Fără hotare, fără miez şi chip
În care universuri se risip...

Dar căror zei lumina să-ţi închini?
Încărunţeşte luna pe coline
Şi-n neodihna arderii de sine
Se-ntoarnă adormirile în crini.
Tot mai puţini, de-acum, tot mai puţini!

Răgaz

Încă puţin, încă puţin
Să-mi sorb potirul cu venin

Încă puţin şi voi putea
Să-mi fac din aripe o stea

S-o gîndur în vecia lor
Pe cerul văduvit de zbor

Încă puţin, încă puţin
S-adorm prin rouri pelerin

Încă puţin şi labirint
Îmi fi-vor umbrele de-argint

Încă puţin, încă puţin
Şi fi-voi un potir de crin

Fără de trup, fără de gînd
În rostul Marelui Curînd

Încă puţin, încă puţin
S-adun şi rodul din smochin

Încă puţin şi voi fi strîns
Austrul Veşnicului Plîns

Încă puţin, încă puţin
Mă doarme fratele Cain

Cu somnul crucii lui Iisus –
Lumină maşteră-n apus

Încă puţin, încă puţin
Şi-oi fi de umbra mea străin!

Post festum

Hai naşte-mă, Doamne,
E iarnă, pustiu
Rod vifori din mituri divine
Hai naşte-mă, Doamne,
Colindă să-mi fiu
Că steaua pornit-a spre mine
Adîncuri dorminde sub cer vineţiu,
Secunde-n astrale troiene,
Îngîndură-n raiuri acelaşi Tîrziu
Rotiri de planete viclene
Hai naşte-mă, Doamne,
Căci încă nu-s viu
Şi moartea îmi tremură-n gene

Chiar magii-s pe drum
Şi pornit-au de mult
Mă-nrobură steaua lucindă
Deşi n-au aflat că deja îi ascult,
Copiii vor neaua s-aprindă
Altare de flamuri,
altare de prunci
La straja nuntirii cu somnul le-arunci
Vesteşte în zodii al lumii tumult

Hai naşte-mă, Doamne,
Din tine mă-nfrupt
Minunea vestită-aşteptînd s-o porunci
Că noaptea prin trup îmi colindă

Hai naşte-mă, Doamne,
E ceasul
Şi vin
Din zările lumii vin magii
E vreme destulă, dar timp e puţin
O rană mi-e carnea în pîntec străin
Şi-un roi de rugini li-s desagii
Hai naşte-mă, Doamne,
De ce mai aştepţi?
Prigoniţi,
pătimiţi,
ucenici şi adepţi
din spulberul lumii la tine veniţi
îţi cer spre lumini să mă-ndrepţi
Hai naşte-mă, Doamne,
De ce mai aştepţi?

Hai naşte-mă, Doamne,
E beznă, tîrziu
Şi steaua se stinge alene
Adîncuri dorminde sub cer vineţiu
Se tulbură-n iesle viclene
Hai naşte-mă, Doamne,
Căci încă nu-s viu
Şi moartea îmi tremură-n gene
Chiar magii-s pe drum
Şi pornit-au de mult

Mă-nrobură steaua lucindă
Deşi n-au aflat că deja îi ascult,
Copiii vestiră în tindă
şi noaptea se-ntrupă-n colindă

Altare de flamuri, altare de prunci
Jertfite-s mereu numai Ţie
chiar vama ninsorii din rai o arunci
vrăjită de-a razei beţie
Hai naşte-mă, Doamne,
robia-n irozi
să sape,
să-ndure,
să fie
cînd baiera morţii în iesle-o deznozi
şi fierul pătrunde-n pruncie
Hai naşte-mă, Doamne,
deja îşi pornesc
oştiri,
legiuni
şi armii de război
năimiţii,
călăii
şi zbirii

hai naşte-mă, Doamne, să fim amîndoi
cînd aripi de taină îmi cresc

hai scoate-mă, Doamne,
din lutul ceresc
şi dă-mă zălog răstignirii!

Cantilenă

Două aripe de vis,
înger legănînd ispita :
sînul tău, de m-a ucis,
ce iubire tîlcuit-a?

Soare armorind poteci
– rază, flacără, săgeată –
sînii goi; de ce încerci
să-i ascunzi preatulburată
(spre iubire dacă-i pleci,
de dorință alintată),
cînd se-aprinde-n ei pe veci
rana trupului de fată?

Două lacrime de zei
sînii tăi – mireasmă sfîntă!
Dacă mă cufund în ei,
ce durere îi frămîntă?

Ninsă întrupare-n zbor,
două acvile de aur –
sînii tăi. Cum să măsor
– risipind al lor tezaur ? –,
cu sărutul meu, cît dor
(viclenit venin de laur)
plînge în bănuții lor
așteptînd ca eu să-i faur?

Taină sacră de botez,
pui răniți de căprioară :
o vecie să-i veghez
în lumina iconară...

Spumă lujeră de-absint:
sînii tăi vrăjiți de soartă.
Chihlimbare de Corint,
cu beția lor mă poartă
unde vor și mă tot mint,
mă orbesc și mă departă
de lumescul lor alint
din a gîndurilor cartă.

Pentru ce tresar stingheri
visului ce ne desparte,
dacă mie făclieri
îmi vor fi pînă la moarte?

Omnium horarum amicos
lui Nero, la împlinirea a 50 de ani de prietenie

Nu știu de ce mă reîntorc mereu
Cu sufletul spre anii de liceu

Cînd, ca și tine, un adolescent
Rebel, prin școli nici nu eram prezent,

Ci-mi risipeam la jocuri și-n beție
Clipa de taină dată numai mie

Și-nveșniceam între văzduh și rouă
Clipa de taină dată numai nouă...

Frumoșii noștri ani, dar cît de triști
Furați de comuniști și securiști,

Furați de teamă și de sărăcie
Dar nu-i nimic, „așa a fost să fie!"

35

Erai rugbist, eu renunțam la scrimă
Însingurat între coniac și rimă

De cîte ori cărarea ne-au întors-o
„Moldova", „Iașul", „Braseria", „Corso"

Și-n loc s-ajungem înțelepți la școală
Priveam prin crîșme sticla tot mai goală

Credeam pe-atunci că lumea se împarte
În muritori și NOI – fără de moarte

Eram titani și zei, deci nu mă mir
Că nu ne-a fost liceul cimitir

Cînd universul, pîn' la Dumnezeu
Se plămădea după tiparul meu!

N-aveam pe-atunci decît un singur scop :
Să ascultăm „pe șest" doar „Free Europe"

Iar tu, bătrîne,-aveai un aparat
Rusesc „vef doișpe" – vezi că n-am uitat?

Și-l deschideai în fiecare seară
Să ne-mbătăm cu muzică „de-afară"

Urcam Copoul îmblînzit de tei,
Ne injectam în suflet „Yesterday"...

Și ce noian de fete am iubit
Pîn' să se facă inima granit!

Ne-ardea iubirea-n trupuri. Cin' să ştie
Că dragostea e clipă, nu vecie?!

Colegele – ca zînele frumoase,
Cu ochi adînci şi pielea de mătase –

Ne tulburau, cînd, nopţile, la ceaiuri,
Le mîngîiam, descoperind ce raiuri

Ne ascundeau sub trista uniformă;
Dar eu eram stingher şi visător mă

Însingurau simboluri şi lumine
Că nu ştiam ce haruri ard în mine

Neliniştea din noi cum s-o mai tac,
Dacă-am bătut în doi juma' de veac

Eram portari la raiul pămîntesc
Simţeam pe umeri aripi cum ne cresc...

Azi ştiu că-i o himeră slava lor
Că doar căzînd, poţi să te-nalţi în zbor!

Teama

Dimineţile,
cînd aud clopotele bisericilor
ce carilonează văile aşteptării
mi-e teamă;
mi-e teamă ca primăvara
să nu strivească,
să nu risipe
cu somnul mugurilor

umerii înaripaţi ai copiilor.

La amiază,
cînd aud clopotele
ce destramă sanctuarele
catedralelor
mi-e teamă;
mi-e teamă ca vara
să nu sece visele fluviului
amarate în zborul goelanzilor.

Seara,
cînd aud clopotele
vecerniilor
care sculptează crepusculul libelulelor
mi-e teamă;
mi-e teamă ca toamna
să nu sfîşie inima poeţilor
cu frunze veninoase.

În miezul nopţii,
cînd aud clopotele
apocalipsei
care trezesc iluzia amintirilor
mi-e teamă;
mi-e teamă ca iarna
să nu împietrească în sufletul tău
ecoul cuvintelor nicicînd rostite.

ION CRISTOFOR

Pasărea neagră

Ziua se pregăteşte să plece
Un bătrân aruncă cu piatra
După o pasăre neagră.

Un contrabas răguşit, două fetiţe şi un flaut cântă
În piaţa publică.

Aştept o scrisoare dintr-o ţară îndepărtată
Pe scările de ciment ale spitalului.
Graurii cântă netulburaţi în grădina casei părăsite.

Un cârd de raţe sălbatice
Mută melancolia anotimpului de la un nor la altul.

Un tren de marfă din depărtare
ne aduce aminte
de bălţile în care ne scăldam în copilărie.

Fereastră către trecut
Pentru Bruno Campero Alfaro

Îţi dăruiesc ochii mei căprui
şi pielea mea s-o îmbraci
i-am şoptit femeii ce tocmai cobora din dormitorul meu.
Grăbeşte-te căci vin în curând musafirii.

Nepăsătoare, frumoasa s-a aşezat în faţa ferestrei
apoi a luat un măr de pe masă
şi m-a întrebat dacă în ultima vreme

obișnuiesc să mai citesc Biblia
și dacă șarpele mă vizitează din nou.

Prin geam trecutul a năvălit în încăpere
Și luna în brațele ei strălucea ca un ou.

Grafică japoneză

Trei coțofene
Pe zăpada proaspăt căzută
Fac grafică japoneză

Zboară de la un copac la altul
Cu țipete ascuțite
De samurai.

Cireșul

În spatele nostru foșnea un câmp de tutun
Un pluton de soldați răgușiți
Urcă pe dealul învăluit de ceață.

Sub cireșul înflorit din curte
Bătrânul punea gramofonul să cânte.

Soarele pe acoperișul de tablă
Se învârte ca un disc de vinil
Sub pașii porumbelor călători.

Femeia de porțelan

Casa mea e mobilată de amintiri şi de regrete
De dulapuri şi scaune ce se cred trunchiuri de arbori
Foşnind într-o verde pădure.
În casa mea o femeie de porţelan
Citeşte netulburată-n fotoliu
O carte intitulată Arta de a trăi.
Seara când mă întorc de la slujbă
Suspină invariabil doar patru cuvinte
„Noapte bună, dragul meu!"
În timpul nopţii, prin somn
Aud cum bate inima ei de femeie
Ca un splendid ceas de aur
Pe mâna unui mort.

Şi luna îşi întoarce deodată
Faţa ei luminată spre marele, singuraticul port.

Râul din munţi

Creierul meu e o şopârlă la soare
Ce se lăfăie pe piatra memoriei tale.

Părul sălbatic a înflorit doar în onoarea ta
Abia auzită cântă privighetoarea în grădinile cereşti
Ale bunului Dumnezeu.

Se sparge gheaţa pe râul din munţii
în care am copilărit acum câteva secole.
Ca ofrandă pe mâini, purtam un galben polen
sau un alt preţios minereu.

Filă de jurnal

Tufa de alun
Îngălbeneşte în spatele casei
Lumina cade pe mâini
Ca o remuşcare
Şi viaţa ta se uscă
În cerneala albastră de pe hârtie

O pisică se joacă pe gard
Ignorând cauzele tale pierdute
Şi adevărurile ultime,
Firul de păr al femeii iubite
De pe faţa de pernă.

Monopolurile domnesc
Şi băncile dictează
Doar florile de lângă zid
Supravieţuiesc
Afară, lovituri de stat
Şi false revoluţii au loc
În fiecare clipă

Dar nimic nu egalează
În miezul de noapte
Insomnia, durerea de dinţi
Şi glasul ei de femeie rănită
Ce se amestecă în noapte
Cu pietrele gureşe ale râului.

VIRGIL DIACONU

Umbrele acestui secol

Vândute aceluiaşi nimic,
umbrele acestui secol aleargă
fericite pe străzi.

Micile noastre victorii sunt înghiţite
de ceaţa abatorului.

Din când în când, ghilotina opreşte timpul unuia dintre noi.

Totul după un plan bine stabilit, care funcţionează perfect.
Şi pe care nimeni nu l-a zădărnicit niciodată.

Maica Domnului, roagă-te pentru noi!

La fel de veche ca lacrimile noastre,
biserica este sfâşiată de rugăciuni.
Biserica în care Maica Domnului ne gestionează speranţele.
Bieţi muritori!

Vâslesc printre lacrimile unor credincioşi
pe care nu i-am cunoscut niciodată.
Trec prin tăcerea lor răbdătoare,
care i-a coborât din icoane pe sfinţi.
Trec prin tăcerea lor cu dinţii strânşi.

Anomalisa

Trupul tău îmi alină ultima clipă!

Mângâierea ta este nisipul.

Este pulberea morților
care au trecut prin cearșafurile tale.

O corabie spre infern este trupul tău,
o apă a morților pe care plutesc în derivă.

Încă un înecat în panoplia victoriilor tale, *Anomalisa*,
răspunsul găsit în stele nu mă ajută acum cu nimic.

Sunt glonțul tras în trandafirul tău.

Mica mea victorie îți varsă sângele pe caldarâm.

Îmbrățișarea este un zbor pe dinăuntru,
dar zborul este numai al meu, *Anomalisa*.

Toamnă

Plimbare aiurea pe străzi.
Sub lumina potolită a toamnei,
sub frunzele galbene căzute peste tine din cer.

O gălăgie de copii intră la muzeul
cu animale împăiate,
două fete aleargă de mână țipând.

În parc, bătrânii joacă șah.

Și tu pe unde naiba mai umbli?
Pe unde îți mai vinzi minunea
și făptura de aer și pletele
rupte din rugina ultimei toamne?
Pe unde îți mai vinzi

picioarele lungi şi de piersică?
Şi gureşele vrăbii de sub bluză?

Pe unde naiba mai umbli?
Te mai pot auzi? Te mai pot vedea?
Te mai pot gusta?

Vezi, sufletul meu, peste toate,
este mai mare ca lumea...

Şi iarăşi ploaia de frunze galbene
şi fetele care aleargă de mână ţipând şi râzând.

Dar tu pe unde îţi mai vinzi văzduhul?
Te mai pot auzi? Te mai pot vedea?
Te mai pot gusta?

Îmbrăţişarea albastră

Ea mă ia în braţe cu singurătate cu tot,
cu stea cu tot. –

Ea amestecă întotdeauna lumina cu întunericul,
lacrima cu surâsul.
Cât despre mâinile ei, acestea sunt chiar psalmii
din *Sfânta Scriptură*.

Ea se furişează printre bătăile orologiului,
printre poemele mele de dragoste.

Ea amestecă săruturile roşii cu petalele trandafirului.
Şi îmbrăţişarea cu plecările repezi.

Eu te iubesc din tălpi până la steaua, i-am spus,
pentru mine lumina vine dintr-o singură parte.

De azi am început să număr
toate petalele trecerii tale pe aici, i-am spus,
ai grijă, îmbrățișarea mea este albastră!

Oceanul

Popoare de umbre
vor trece în curând prin liniștea noastră,
dacă tot am rămas prizonierii acestui apus,
care ne îmbracă în ultimul aur.

Doar întunericul ne apropie mâinile, trupurile.

Invazia mea în teritoriul necunoscut al fragilității tale:
o istorie care încă nu a fost scrisă,
un continent de frumusețe traversat
de gândurile și atingerile mele,
de corpul expediționar al celor zece mii, Anabasis.

Încă o zi în care îmbrățișez oceanul…

ADRIAN VIZIREANU

Doar noaptea

Se-apleacă cerul printre stele,
Când noaptea curge într-o parte
Și verdele se-apleacă-n iarba
Culorilor prin rouă sparte.

Se-ascund în sine constelații,
De-a lunii sferică paloare
Și peste noi lumini se-nclină,
rostogolindu-se în mare.

Ascultă țărmul cum respiră
Și valul cum încărunțește,
Cum timpul se adună-n scoica
Ce clipa-n perlă-i rotunjește!

Nu-ti scriu, iubito, astăzi versuri,
Astăzi, doar noaptea povestește.
Hai, lasă-ți capul pe-al meu umăr,
Din noi, te uită, cerul crește!

Rac

Zăpadă ți-e zâmbetul
pe chipul de ger al oglinzii
și laptele nopții îl bei
din adâncul orbitei.
Ce negru ți-e părul
căzut la picioarele lunii,
ce greu îți atârnă în bucle
pe talerul vieții!

47

Inima-ţi bate mai goală de ore
cu foşnet de spice-ntr-un lan fără grâu.
Anotimpuri grăbite îţi trec
pe sub pleoape
şi păsări rotite în irişi
te-nvaţă să zbori.
Doar părul îţi curge în bucle,
fantome de val
într-o mare de noapte...
Privirea ţi-o simt o ruină în flăcari
şi palma ţi-o ţin pân' la os.
Nu privi,
oglinzile mint din arginturi pleşuve!
Esti frumoasă în alb
şi negru ţi-e părul
şi ochii îţi ard,
doi tăciuni în cenuşă!...

Vânătoarea de lună

Hai, deschideţi în cer a nopţilor poartă!
Lăsaţi herghelii înspumate de stele
Să-şi scapere-n sfere argintul copitei,
Prin meri adormiţi în grădini hesperide!
Veniţi, visători, staţi în umbră la pândă,
Începe-n curând vânătoarea de lună!

Aripă de piatră-i bătaia de inimi
Şi vântul îngheaţă statuie-ntre trunchiuri,
Pădurea e mută, doar roua din aer
Îşi strânge în şopot pe frunze curbura.
Veniţi, visători, staţi cu lancea la pândă,
Începe-n curând vânătoarea de lună!

Priveşte cum steaua se stinge în fugă
Şi luciul din coamă încet îi păleşte!
Priveşte în zare cum tremură dealul
Şi-n raze, sfioasă, rasare ea, prada!
Veniţi, visători, pregătiţi-vă lancea,
Începe-n curând vânătoarea de lună!

Cu părul aprins din lumina convexă
Ea chipul rotund peste lac şi-l ridică,
Păşeşte himeric pe somnul din nuferi,
Nimic nu mai mişcă, doar unda pe apă.
Veniţi, visători, staţi în umbră la pândă,
Începe-n curând vânătoarea de lună!

Nisipul se scurge–n clepsidrele vremii
Şi galbena zână păşeşte pe vârfuri,
Copaci se deşiră cu umbrele sure
Prin dansul hipnotic din hore de iele.
Veniţi, visători, pregatiţi-vă lancea,
Vânătoarea de lună cu lancea de vis!

Mâine

Ce tare mă doare umbletul
umblându-mi prin ţara asta a uitării!
Ce tare mă doare răsăritul
răsărindu-mi din mâneca asta largă cu miros de pământ!
Ce tare mă doare privitul
privindu-mi paşii cum mi se sinucid în urmă!
Ce tare mă doare durutul
durându-mă cuvântul răscopt în lanul suferinţei!

Mâine nu umblu,
mâine nu privesc.
Mâine îmi vin din stele bunicii la coasă, căci lanul durerii
e copt...

acolo

şi nu mai plâng
acolo-ntre iarnă şi vară
unde cerul e larg şi pereţii nu-i strâng
şi rănile uită să doară
acolo nu plâng
şi nimeni nu bea o licoare amară
nici inimi nu dor şi nici nu se frâng
şi toţi sunt `nauntru şi toti sunt afară
acolo nu plâng
şi toţi sunt ai lui
mai alb sau mai drept, mai negru sau stâng
toţi sunt ai lui
ai marelui Nimănui

Linişti

Liniştea s-a născut iarna.
Şi aburul din nara cailor
mestecând zăbala de argint
pusă în gura cerului.
Liniştea s-a născut iarna,
când copacii şi-au înghiţit verdele
şi crengile şi-au tăcut frunzele înlemnind zborurile...
Doar ei ţipă, măceşii.
Ţipă strident înroşind coridoarele unei morgi,
unde liniştea perindă prin sertarele dintre fagi.

Un rug de mure i se agață de fustă
rupându-i-o în franjuri de sticlă.
Pe un deal cu lințolii
se odihnesc urme de copite
tăcând în ele foșnetul pasului.
Din mine respiră câmpul
și eu respir din el.
Mă acopăr cu brazda lui
sfâșiată de germinații
și las peste lume să țipe
tot albul lui, tot albul meu.
Câtă liniște!...

Balada pierzaniei

Arde verva-n calendare,
cruci cu roșu-i sărbătoare!
Pagini galbene, soioase,
psalmi și rugi la colțuri roase.

Lacrimi strânse în batiste
împletite-n acatiste,
toaca toacă, viața seacă
în mătănii se îneacă.

Vorbe multe, vorbe goale,
patrafire strânse-n poale,
cozi păroase de satane
stau ascunse sub sutane.

Plâng icoane-n busuioc
pentru om și dobitoc,
strălucesc arginți de silă,
mila azi nu are milă.

Patrupede târâtoare
fac din coate sărbătoare,
din genunchii lor juliți
își fac cont mitropoliți.

Arde focu-n lumânare,
iar feștila de e mare,
ai credință cu duiumul!
Hai, plătește-i chiar si fumul!

Stă la coadă printre strane
moartea la pupat icoane,
face cruci și-i speriată,
că îi cere popa plată.

Vin creștinii cu colacii
ca s-alunge vârcolacii,
strigă rugăciunea tare,
vârcolacul cel mai mare.

Stau și-njură-n rânduri groase
pupători bigoți de oase,
plâng în racle moaștele,
hotii fură Paștele.

Au fugit din fresce sfinții
luând și punga cu arginții,
râde Iuda printre prapuri
înfruptându-se cu-anafuri.

În cădelnițe cărbunii
plâng în hohot ca nebunii.
Doamne-ajută, Doamne-ajută!
Smirna e contrafăcută.

Maici smerite, filantroape,
din iubire de aproape
fac ghişeft cu apă chioară
pomenind Sfânta Fecioară.

Are-n naos azi taraba
reabilitat Baraba.
Cu pecete chiar de sus
vinde crucea lui Isus.

De credinţă şi iubire
plină-i lumea peste fire,
doar în prag utrenia
şi-a vândut smerenia.

Năluci

Mi-e gri şi mi-e iarnă din nou,
Pomi despuiaţi fac din străzi lupanar,
Într-un ţarc, sângerând din răşini,
Brazii se sting în lumini de amar.

Mi-e gri, mi-e umed şi frig!
Fantome de frunze perindă prin crengi,
Culori s-au ascuns, curcubeie în alb…
Mai stai langă mine, de ce vrei să pleci?!

Amintiri dintr-un ieri de demult
Îmi umblă cu străiţile goale
Prin griul din noi, din lume şi oameni…
Colindă-mă, tu, cu vorbe domoale!

Mi-e frig, năprasnic ne ninge
Și iernile cresc peste noi în nămeți!
Rămâi, azi în vise, iubito, cu mine,
Colindele vechi din nou să mă-nveți!...

Linșarea poetului

Puneți mâna pe el!
Puneți mâna pe poet,
pe visul lui născător de cuvinte,
pe ochiul lui născător de cer,
pe gura lui născătoare de plânset!
Puneți mâna pe poet
și smulgeți-i literele din trup,
stingeți-i lumina din inimă,
zăvorâți-i zborul în colivii!
Puneți mâna pe poet și luați-i viața!...
I-au smuls visul,
ochiul, gura, literele,
i-au închis zborul, i-au stins lumina
și sugrumat plânsetul, apoi s-au oprit...
Viața poetului nu era a lui,
era a lor,
era a lor...

Noi

Pământ rotund cu ierni în păr,
Din primăverile-ncolțite,
Mi-ai înviat în flori de măr,
Culori din nopțile-obosite.

Se mișcă-n stea Crăciun pe cer,

Născând Iubirea pământeană,
Lumini colindă, Leru-i Ler,
Se-aprind în ochi, din geană-n geană.

Pe jar, aromele de julfă,
Din străchini aburește lutul,
Colaci și nuci în straițe-asudă,
Pe uliți cântă începutul.

Irozi si-aprind în stele lumi,
În fum, pe cer, dansează-Ignați
Sculați ,voi, gazde, oameni buni!
Ne dați, ne dați, ori nu ne dați.

Buhai în muget mișcă jugul,
Rășini icnesc în cetine, din bici,
Străbuni împing prin brazdă plugul,
Dormind în noi, mereu aici.

Cireși în flori sunt inimi de copil
Topind troienile din noi,
În dimineți cu ger, de SânVasil,
Când anii vechi sunt iarăși noi.

Se mișcă basme sus pe cer,
Rotindu-se în țest de pâine,
Suntem aici de azi și ieri.
Și fi-vom noi aici și mâine.

Însoțind...

Albastru muribund stă prins in tavan,
nu îl privesc.
Gheața i-o simt strivită în ceafă,
nu mă feresc.
Între cer si pământ timpul e mut,
nu îl ascult.
Din palmele albe, pulsul se scurge mercur,
nu îl opresc.
Pe vânăt de buze cuvântul e stins,
nu îl aprind.
Pe-obraz, o lacrimă îşi curge lumina,
nu o şterg.
Pe-un fir de argint se cațără viața,
nu o țin.
E linişte şi aştept aripi intrând prin pereți.
Şi vin şi vin...
E linişte.
Mi-e frig si mi-e greu.
Nu plâng,
doar cineva din mine...

DORA PASCU

Toamnă târzie

Stă ciuta speriată pe câmpul mai gol,
priveşte în juru-i cu teamă,
pândeşte chiar vântul ce-adie domol,
pândeşte şi-i gata să geamă.

Prin pâcla rămasă în zdrenţe pe jos,
prin câmpul golit de substanţă,
priveşte tăcută, tresare nervos
şi capu-şi ridică-n balanţă.

Ciulinii câmpiei, atât au rămas
să stingă hârciogilor foamea,
se-agită când ciuta îşi face popas,
iar toamna se duce că-i vremea.

Trei flori cu tupeu, mirate, în ceaţă,
înalţă corole pictate,
vibrează voind să scape de gheaţă
şi plâng cu petale zburate.

Ciobanii şi ei, sub sarica bătrână,
oftează-îndelung a durere,
e timpul, e vremea să plece la stână
şi oile-şi strâng în tăcere.

Tăcerile urcă străine

Pierdută-n înghețul pustiei,
cu brațul întins a-ndurare,
adastă fântâna câmpiei
la ceasul de tristă-nserare.

Nu sunt pași de om sau jivine,
nici umbre nu vezi, nici cărare,
tăcerile urcă străine
și-n ceață se-ascund stele rare

Când noaptea-i stăpână-absolută
și însăși suflarea îngheață,
din ciutura grea te salută
o altă sclipire de viață,
Iar vântul pornește să bată
și-aduce un zvon de departe,
doar cumpăna dă să se zbată
când lumea în două desparte ...

Pe drum de țară

În aburul lăptos al dimineții,
încerc să număr plopii de pe drum
și-n înghețata lizieră-a ceții,
să urmăresc fuioarele de fum.

Înfiorate în tăcerea rece,
trec șuierânde trenuri solitare,
numai privirea mea le mai petrece
și-o inocentă turmă de mioare.

Brumate par cu pulberi argintii
când ierburile de-a valma o iau la vale,
şi-atunci copacii, parcă, toţi sunt vii,
făpturi nedesluşite, ireale.

Încremenită în aeru-îngheţat,
încerc şi eu să şuier, precum trenul,
însă locomotiva mi-a plecat
şi-n gând mă lălăie numai refrenul...

De toamnă

Înghesuite-n cerga dimineții,
stau crengile plecate spre pământ
şi, zgribulite-n vălurile ceții,
par toate-a face toamnei jurământ.

Eu mă jur ţie, toamnă prea bătrână,
că am să-mi lepăd verdele din ram
şi-am să accept ca să-mi devii stăpână,
însă, te rog, lasă-mi o frunză-n geam!

Şi-acuma dacă gândul ţi se-nchină,
te las, de verde, să mă văduveşti,
să mă obligi să stau fără lumină
şi-am să ascult poveşti ce-mi viscoleşti.

Dar prima bâlbâială a zăpezii
vreau să îmi afle mugurul pocnit,
poatc, n-am timp să văd cum zburdă iezii,
dar lasă-mi măcar somnul înverzit!

Deci, dacă-ți dau tot ce-am pe suflet verde
aștept, în schimb, ca albul să-l dai tu,
nici eu nici tu n-avem nimic a pierde,
iar verdele-i în viață passe-partout!

Gamă de toamnă

Zboară aiurea păsări, gânduri,
plânge-al toamnei trist fado,
mă încurc de tot prin rânduri
și mi-e tare dor de-un DO.

Jalnic, pică frunza-n cale
și-o mirare parcă e,
toate crengile sunt goale,
spânzură un simplu RE.

Toamna face vocalize,
abia bâiguie în gri,
rătăcit, printre valize,
tremură stingher un MI.

Vântul prinde rar să geamă,
mă scol brusc de pe sofa,
nu îmi place, îmi e teamă,
și-o zbârcește fix la FA.

Își schimbă căutătura,
iar ce văd e cam nasol,
și-a stricat pieptănătura
și răcit e bietul SOL.

Vrea să-și dreagă puțin glasul,
însă prinde a urla,
s-a pierdut pe drum doar basul
și-a rămas numai cu LA.

Asta e, deja e toamnă,
toamnă grea, din zi în zi,
și-a rămas bătrâna doamnă
să suspine stins în SI.

Iar îmi cântă printre rânduri
glasul toamnei în fado,
mă cuprind umbrite gânduri
și revin plecat la DO.

Dance me

Dansează cu mine azi ultimul dans,
s-alunec ușor, să mă-nclin în balans
și ia-mi mâna lin, în brațe mă prinde,
rotește-mă scurt, mijlocu-mi cuprinde.

Mă sprijin de tine, copac vreau să-mi fii,
iar brațele tale să-mi pară crengi vii,
alunece-mi pașii în ritm avântat,
foșnească taftaua pe corp, fluturat.

Urmează-mi balansul, ridică-l spre cer
și mângâie-mi trupul în zbor efemer,
întoarce-ți figura spre față să-mi spună
dorința stârnită când luna-i nebună.

Și roată mă ține și roată mă pune
în dansul ciudat care știe supune,
curbura să-mi fie laolaltă cu-a ta
ca să știu ce îmi dai, ca să știi ce-ți voi da...

Vreau să cresc mic

Vreau să cresc mic, de se poate,
să am numai șase ani,
să mă plimb cu trotineta,
să nu-mi pese că n-am bani.

Să mănânc trei înghețate,
să casc gura la desene,
să joc leapșa pe ouate,
și să strig: nu vreau, mi-e lene!

Să dorm la bunica-n brațe
sau la mama, care-o fi,
să măcăi și eu la rațe,
să mă scol când mi-o veni.

Să știu lumea din poveste
Feți frumoși și Cosânzene,
să suspin fără de veste
că nu am la rochii trene.

Vreau creioane colorate
și cretă pentru șotron,
vreau baloanele umflate
și să cânt la microfon!

Vreau să îmi stoarcă bunica
portocală în pahar,
să-mi fie caldă burtica,
să mă-mbrac fără habar.

Să stâlcesc cuvinte-n buze
şi să plâng că nu-mi ies bine,
ăia mari să se amuze
şi să-mi zică: "ce ruşine!"

Vreau să merg un pic la şcoală
să învăţ câte ceva,
să nu-mi fie mintea goală
când mă-ntreabă cineva:

"Şi, ia zi, ştii cum te cheamă,
a cui eşti şi unde stai?"
Eu să-i spun fără de teamă:
"Ştiu, da dacă-ţi spun, ce-mi dai?"

Deci, v-am spus, vreau să cresc mic,
m-am săturat să fiu mare -
om mare, bun de nimic,
condamnat la resemnare...

Într-o zi oarecare

Într-o zi oarecare,
dar nu spun care zi,
am să strig: hei, străino,
tu de mine mai știi?

Într-o zi oarecare,
dintr-un mâine sau ieri,
am să-mi rup iar cătușa
ca să nu mai disperi!

Într-o zi oarecare,
fără soare sau nori,
am să-mi pun capu-n palme
ca să nu mă mai dori!

Într-o zi oarecare,
cu lehamite-n gânduri,
ai să-mi cauți cenușa
risipită prin rânduri!

ANA PODARU

desțelenire

când pleaopa căzută-i mormântu-ți
de vise
călăul coșmar biciuiește cu sete
pe ochii tăi mari durerea-i pecete
culegi spinii rămași, numeri clipe ucise
când te scapi din strânsoare la mâini
guști din plin frumusețea divină
vezi și-n negrul rămas o lumină
stai smerit și în mijlocul haitei de câini
te iubești și înveți să iubești
orice vierme ce-n rod dă să sape
numeri pașii ce umblă pe ape
și privești, în iubire, cum crești
dai nou sens unei vieți părăsite
o trăiești după legile sfinte
brusc, păcatu-ți devine cuminte
drumul pare de puf pe sub tălpi tăbăcite
înapoi când privești, te orbește ruina
lăsată de iadul ce încă te arde
pe spatele tău mai sunt urme de joarde
te lepezi de piele, te-mbracă lumina
te doare orbirea din ochii trecuți
tu, mână de lut, frumuseți n-ai văzut
ce încă din pântec de mamă-au crescut
sub ochii tăi goi sub privire pierduți
o ultimă șansă să lași bucuria
să rupă din lanțuri, să nască noi vise
iubirea divină, talpa ta o strivise
acum va renaște creionând mărturia

greşeli divine

poţi să greşeşti iertând la nesfârşit
şi condamnându-ţi viaţa la durere
minciuna capătă uşor putere
te-ndrepţi spre eşafod, uşor, spăşit
faţă de cel iertat tu n-ai greşit
să-ţi dai doar singur, ţie socoteală
când te trezeşti cu visteria goală
privind la al tău suflet cotropit
şi-atunci te-ntrebi la ce ţi-a trebuit
să ierţi mereu, greşeala şi păcatul
tu, cel ce ierţi eşti singur vinovatul
un gest divin e-un gest nesăbuit

Sonet

M-am aplecat peste cuvântul scris
Să-i dau acestei inimi împlinire,
Eu n-am ştiut c-am fost şi sunt proscris,
Ce lipsă mi-e de-un biet cuvânt: iubire.
În ce dicţionar a fost descris?
În cartea vieţii-i sentimentul sacru,
M-am aplecat peste cuvântul scris,
De ce mi-e frig?... de ce mi-e gustul acru?
Voi căuta mereu acelaşi vis
În care-ngenunchez şi cer clemenţă
Iluziei iubirii-n existenţă.
Cuvântu-n minte-i gândul obsesiv,
Mai daţi-mi un reper de rătăcire,
Iubirea-i univers de fericire.

Cele şapte arte

Apăraţi-vă iubirea ce vă strânge pieptu-n lanţuri,
şapte zile, şapte arte, şapte sentimente pure
au săpat în voi dureri şi v-au curs prin şapte şanţuri,
lacrimile precum lava scursă-n vaduri de pădure.
Poezia apărati-o, nu mai terfeliţi cuvântul,
ascultaţi ce spun poeţii, versul, fie călăuză,
cu poeme din luceferi au sădit ades pământul,
cu seminţele gândirii prin lumina cea difuză.
Dansului să-i daţi călcâiul, inima ce joacă-n voi
precum fluturii pe flori, precum lebăda pe ape,
valsul, hora sau baletul toate s-au născut din noi,
pruncu-n pântec să danseze, talpa din sanda să crape.
Cântaţi fraţilor din versuri, puneţi muzica pe strune
inima vă fie harpă, limba fie-vă vioară...
fericirea-i bob de cântec ce pe suflete se pune
şi-nfloreşte de pe buze ca regina nopţii-n seară.
Construiţi frumoase case pentru oamenii sărmani,
aşezaţi arhitectura cerului pe ziduri groase...
nu vă mai gândiţi la aur, nu vă mai gândiţi la bani,
ce clădiri impunătoare au făcut un pumn de oase.
Meşteri mari sculptaţi biserici sau ciopliti-ne altare,
faceţi-ne cruci de piatră, să cădem în rugăciune,
modelaţi din lutul sfânt urme stinse pe cărare,
ascultaţi-vă strămoşii... glasul inimii vă spune.
Pictori mari pictaţi pe sticlă sau pe pânza norilor,
şevalet vă fie cerul, sângele pictând apusul,
lacrima de bucurie... esenţa culorilor...
curcubeul să coboare să vă toarcă veşnic fusul.
Scena vieţii este plină de actori şi crude măşti,
dar actorul de pe scenă este singurul martir

care poartă-n el durerea şi-o căciulă de năpăşti
sub supliciul unui rol... bea otrava din potir.
Oamenii acestei lumi, născători a şapte arte,
aşezaţi-vă pe rândul paginilor dintr-o de carte.

Dâre de lumină sub licăriri de stea

Iar a nins întreaga noapte, codrul pare trist şi rece,
Nici o urmă pe zăpada aşternută pe pământ,
Doar o dâră de lumină prin poiană parcă trece
Precum valul de căldură ce se lasă din cuvânt.
Crengile înţepenite parcă poartă-n ele teama
De a nu scăpa povara fulgilor strălucitoare...
Licărirea unei stele s-a gândit să treacă vama
Ca un fulger ce-a răpus mâna unei vrăjitoare.
Vin şi razele de soare ca un stol de baionete
Aruncate dintr-un cerc de un ochi ce nu clipeşte
Şi se-nfing în straiul alb împletind în jur paiete:
Vai!... de ce acest miraj dintr-o dată se topeşte?
Paşi se-aud în depărtări scârţâind a iernii uşă,
Lupii singuratici fug fluturându-şi blana-n vânt,
Iarna a-mbrăcat pădurea ca o falnică mănuşă
Pe o mână uriaşă sub mantaua unui sfânt...
Numai dâre de lumină risipite-n povârnişuri,
Peste tot şi peste toate e-o lumină ce străluce,
Baba iarna cu o lampă agăţată prin hăţişuri
Cată urme prin omăt, ghiocei în braţe duce.

Eternitatea s-a născut din om

Oameni, ce-ar fi pământul fără voi?
Un loc pustiu ce-ar vrea să-și spună rai,
Un loc în care vântul n-are grai,
Ce-ar fi pământul fără de nevoi?
Vă deghizați în păsări sau în fluturi,
Vă puneți aripi să zburați la stele,
Ferestrelor de ce le-ați pus zăbrele?
De ce v-ați pus și inimilor scuturi?
Sunteți esența ce-o înghite lutul,
Din voi se naște-o altă primăvară,
Nu vă lăsați dorințele să piară,
Nu vă uitați geneza, nici trecutul.
Ce-ar fi pământul fără de izvoare?
Ce-ar fi un cer fără de stele, nori?
Dar fără voi?... ar fi pe lume zori?
Nici soarele nu s-ar mai numi soare.
Rămâneți deci dumnezeirii robi
Că-i singura-nrobire ce nu doare
Păstrând bătaia tălpii din cărare
Vă fie viața-nlănțuită-n probi...
Mă-ntreb de-ar fi pâmântul fără lume
Sau lumea fără de pământul sfânt,
Un jurâmânt de-ar fi făr' de cuvânt,
Identitatea de-ar fi fără nume...
Oameni, un vis să dați eternității
Fără să așteptați secunda plății.

Colivia

Cu miere-n glas ai cotropit un suflet
şi condamnat ca Atlas pe vecie
din dragoste făcut-ai colivie
iar Aurora n-a mai deschis cerul.
N-a mai plouat, nici n-a mai nins,
dar lacrimile-i au atins
poieni cu flori,
copaci, alei...
nici nu mai ştii acum de-o vrei.
Te-ai întrebat de te mai vrea?
Ooo, biet păgân, e rândul tău
să faci din lacrimi veşnic râu
şi câte Eve-i cotropi
ca ea nici una nu va fi.

Spune-mi ceva

Spune-mi ceva despre tine,
despre păsări cum zboară spre cer,
despre cântul lor sfânt,
despre apă sau vânt,
despre stele ce cad mai apoi pe pământ,
despre vise şi cai ce-au murit galopând,
despre oameni ce mor
rând pe rând...
Spune-mi ceva despre ei,
despre mame şi prunci vitregiţi de-ai lor zei,
despre îngeri şi demoni,
despre pomi roditori,
despre frunze ce cad lin pe ape prin văi,
despre cărţi sau poeţi,
despre moşi înţelepţi care-au scris tremurând,

fiecare poem...fiecare blestem,
rând pe rând...
Spune-mi ceva despre noi,
despre-a nostră iubire ce-a venit după ploi,
despre cum ne iubim, despre tot ce simțim,
despre cum ne certăm, despre cum ne-mpăcăm,
despre-acele dureri care macină seri,
despre lacrimi de dor,
despre viață...poveri,
despre aripi tăiate care cad pe pământ
rând pe rând...
Spune-mi ceva despre-a lumii menire,
despre tot ce-a adus în privire iubire,
despre pruncul din pântec,
despre pacea din cântec,
despre glasul viorii sau apusul culorii,
despre flori ce-nfloresc,
despre cum să trăiesc,
despre pași ce se șterg,
despre unde ei merg sângerând pe cărări
rând pe rând...

Sfârșit și geneză

Nu-ți plânge desfrunzirea pomule
întoarce-te la nemurire nud
așa cum universul te-a născut,
vei fi cărbune,
din cercurile anilor trecuți
lăstarul ce-a crescut
va înfrunzi din nou
iar tu zâmbește c-ai lăsat
în urma ta splendoarea înfrunzită
a unei vieți

ce poate deveni-va lemn de foc
iar tu vei aduna cenuşa ce-a rămas
ca pe-o îmbrăţişare
a pruncului născut la fel de nud,
la fel de desfrunzit,
ducând spre cer iubirea,
a ta, a lui, a tot ce-a înflorit.

Ultima zbatere

Dacă inima din mine sfâşiat-ar fi de fiare...
printre colţii plini de sânge tot m-aş agăţa de-o clipă
chiar de-n sfânta depărtare şoimii pregătiţă mă ţipă
să-mi adune trupu-n pliscuri şi să-l ducă-n altă zare.
Dacă paşii mei s-ar stinge pe-ale-acestei vieţi cărări
la răscrucile de drumuri tot mi-aş târâi un pas
ascultând cum bate toaca ultimului bun rămas
peticind în urmă-mi urma cu-ale lacrimilor mări.
Dacă pleoapele-mi căzute luminate-n lumânări
zgudui-vor temelia, catafalcul de cărbuni...
ochii mei de sub linţolii s-or sfârşi în rugăciuni
din căţuiul meu de suflet să mai fumeg amânări.
Dacă m-ar călca-n picioare hergheliile de cai
tot m-aş prinde de copite mângâindu-le potcoava
şi sfidând întâia coasă să renasc precum otava
pe costişele mânoase de pe-acest mirific plai.

a fi

când mă veți smulge din pământ
tăiați-mă felii, felii
faceți din mine jucării
să fiu surâsuri de copii
la meșteri dați-mă vă rog
sculptat să fiu cu dălți de piatră
la mânăstiri să fiu pe poartă
geamătul frunzei ruginii
din ramuri faceti-mă cruci
împodobiți-vă altare
sau la răscruce în cărare
eu, santinela celor vii
dar nu mă faceți iară scânduri
vânzându-mă pentru sicrie
am fost copac cu frunză vie
am fost! lăsați-mă a fi...

Ce tablou nefiresc

Unii stau rezemați de hotarele lumii
și privesc plictisiți fumul gros, risipit,
Alții dau foc la rugi și ațâță nebunii
Morții cațără cruci, nu e timp de dormit,
Mai aleargă prin jar cu călcâiele fripte,
Cu cenușă-n genunchi, câțiva oameni, haotic,
Adunând gloanțe vii și pumnale înfipte
De la mame și fii cu obrazul cianotic,
Parcă urlă și luna prinsă-n cer sângeriu,
Chiar și lupii s-au dus, s-au ascuns prin păduri,
Numai clopotul bate, nesătul, parcă-i viu
Se aud încă voci prinse-n dărâmături.
Unde sunteți părinti? Unde sunt frații mei?
Strigă unul rănit și pierdut prin mulțimi,

Parcă nu mai sunt sfinți, parcă nu mai sunt zei,
Unii calcă-n altar și se cred serafimi .
Numai ulii sunt treji, după leșuri dau goană,
Popii stau la răscruci cu icoanele-n mâini
Doișpe luni mai târziu vor primii de pomană
Lumânări în colive, printre vinuri și pâini.
Câți orfani scormonesc cimitirele pline?
S-au făcut cărăuși de iluzii și ciocli,
Nu mai ies din biserici devenite ruine,
Stau bunicii pitiți, statuete pe socluri.
Ce tablou nefiresc s-a gândit să picteze
Un copil ce-a pierdut al culorilor sens,
Ce-a-nvățat timpuriu, negreșit, să ofteze
Copleșit de trăiri respirând fumul dens.

Ultimul vals

Cade bruma nemiloasă peste frunza ruginie,
Ea tresare și icnește la preludiul nesfârșit,
Se desprinde-apoi din ram și-și ia zborul spre câmpie
Ca o aripă de înger de păcate răvășit...
Vântul face-o reverență acordând ușor vioara,
Printre crengi se-aude cântec, altă frunză dă să cadă,
Zboară dup-a ei surată fără înapoi să vadă
Cum pe creanga părăsită se așează-o biată cioară,
Cântul vântului întoarce prima frunză lângă pom
Lângă cealaltă surată face scurte piruete...
Delicată-n jur valsează altă frunză cu paiete,
Bruma fuse generoasă a-mbrăcat-o ca pe-un gnom,
Ramurile se apleacă într-un dans amețitor...
Valsul frunzelor cu brumă, un miraj născut de toamnă,
După-atâtea roade strânse azi arată ca o doamnă
Ce-a muncit întreaga viață, zi și noapte, la decor,

Ce spectacol, ce minune, drama ultimului dans
Fără poante, fără aripi, fără rochie de bal...
Frunze ce-o să moară mâine sub copitele de cal
Azi valsează brumărite, geamăt, patimă, balans.

Ninge peste urma potcoavelor de cai

Ne ninge peste urma potcoavelor de cai
Dă-mi mână ta, iubito, să înfruntăm nămeții
Când fulgii de zăpadă-s ca florile de mai
Peste obrazu-ți rumen, un scut în fața ceții,
Să alergăm, iubito, prin castele poieni...
Lăsând în urma noastră iubirea prin zăpadă
Să cerem fericirii încă atâtea ierni...
Cernite cu nectarul de fulgi ce-au dat să cadă,
Cu mânjii laolaltă să înfruntăm troiene
Să nu ne fie teamă de viscol sau de ger,
Voi săruta făptura-ți când fluturi iar din gene
Și păsări mari de pradă dintr-o privire pier,
Doar umbrele de aripi de înger prin omăt
Și urmele de pași lăsat de noi pe drum,
Hai să dansăm, iubito, de tine să mă-mbăt
Topindu-mă ca fulgul pe buza ta, acum,
Și ninge peste urma potcoavelor de cai
Aceasta este iarna ce ne-o doream iubito,
La fel ca-n primăvară când florile de mai
Ne mai ningeau odată...iubirea am găsit-o...

Dacă... eu, dacă... tu

Dacă...eu, n-aș mai fi, tu... pe cine-ai iubi?
oare cui o să-i dai sărutările tale?
mă întreb...cui vei sta diminețile-n poale?
cui vei spune?...te-ador!...risipind nopți târzii.

Dacă...eu, n-aş mai fi, pentru cine-ai trăi?
Pentru cine-ai culege diamante de rouă?
Pentru cine-ai fi scut dacă ninge sau plouă?
cui vei umple ulcior din izvoarele vii?
Dacă...eu, n-aş mai fi, mă întreb de-ai trăi
Amintiri ce nu mor ar rămâne cu tine
Aş fi steaua din noapte strălucindu-ţi şi-n zi
când eşti trist să te-ating, să-ţi fiu înger aş şti,
Dacă... eu, n-aş mai fi, mă întreb de-ai iubi
timpul nostru trecut...ar putea fi prezent?
dacă-n ochii tăi mari eu voi spune absent?
dacă-n visele tale voi putea reveni...
Dacă... eu, n-aş mai fi, ar fi noapte şi zi?
ai fi om sau nălucă căutându-mă-n stele?
ai simţi când te-ating noaptea palmele mele?
căutând paşii mei printre nori argintii,
Dacă...tu, n-ai mai fi, eu...pe cine-aş iubi?
Aş fi om vitregit de iubire şi soare,
Aş rămâne olog, fără mâini şi picioare,
Împietrit de-al tău dor...doar de tine-aş vorbi.

76

SILVANA ANDRADA

Gol de cer

În viața asta fug pe-o mare
fără valuri,
Mă poticnesc și cad ca valul înspre
maluri,
Lăsați-mă acolo, să redevin nisip
Și mai apoi cuvântul să-mi recreeze chip,

În urma mea cocorii se prăbușesc pe ape,
Din drumurile zboruri ce nu știu să adape,
Lăsați-i să coboare, ca în a lor cădere,
Copaci să deseneze, cu aripi mângâiere,

Cu rădăcini în ciocuri, cu penele drept frunze,
Să-mi deseneze roșii doar ale mele buze
Să- ncremenească chipul în ceea ce eu sper
Iar pentru ochi să lase un simplu gol, de cer.

Șah planetar

O tablă pătrată pe- o masă pătrată,
Istorie, uitată, mințită, furată,
Pioni care ară doar câmpuri de oase,
Cu regi abdicanți și metrese frumoase,

Șah!, spuse negrul dar albul omoară,
Omoară și roșu și galben dc ccară,
Omoară cu ură și făr' de măsură,
Nebunul vorbește, e slobod la gură,

Şah!, pierde tura controlul pe flancuri,
Trimit escadrile de-avioane şi tancuri,

Peste o tablă alb negru şi goală,
Ideologică luptă, pur materială,

Şah! şi regina se-apleacă, suspină,
Sacrificată fiind fără de vină,
De-un rege despotic ce joacă la pat…,
Din spate pionii, sunt trei, e şah mat.

Orizontul opac

În inima mea mai bate o inimă,
Da- nu se aude, da-nu se aude,
Eu- tu se aude, eu, tu...
O inimă clopot,
Visare şi ropot,

Din ochiul meu mai priveşte un ochi,
Priveşte de roşu, priveşte de verde,
Priveşte de alb, în negru se pierde,
Priveşte păzind,
Iubit şi iubind,

În tâmpla mea se mai zbate o tâmplă,
Tic, tac îmi pulsează,
Tic, tac îmi visează,
La inima clopot, prin ochi de lumină,
Ea tâmplă pulsânda, iertare şi vină,

Da- nu se aude,
Eu, tu se aude, eu, tu...
Tic tac, tic tac,
E-atâta lumină-n orizontul opac!

Contemporaneitate

În lumea-mi plutitoare, pe un imens de stele,
În care timpul face destăinuiri prea grele,
Înaintez cu teamă pe- un câmp minat cu vise
Iar pasul mi- e tăcerea exploziilor permise,

Ciulinii defăimării credinţelor lumeşti
Precum balauri sadici din cartea de poveşti
Se-nhamă bidivii la cârmele caleştii
Reducţii prea absurde în matematica poveştii;

Iubirea, chiar şi ea-i un strugur roş' pe buze,
O sevă ce prin sine urmează să acuze,
Zdrobită în candoarea acelei dăruiri
Ce n-a avut puterea unicei mari iubiri

Şi sigura sunt astăzi că aş fi ars pe rug,
Din timpul inchizitiei de n-ar fi fost să fug,
Eretica din mine şi azi se pierde- n clipe
Tot aşteptând sa- i crescă albastrele aripe,

Sunt azi aici şi caut lumina-n bol de aur
Sinapsele iubirii din forţa unui taur,
Contemporană sunt făgaşurilor lunii,
Renaşterilor toate după sfârşitul lumii.

Rondel de ceară

Mă ard ca lumânarea pe pieptul stins al vieții
In plâns etern al ploilor ce suferă anost,
Visările-mi sunt rime culese de poeții
Ce caută cuvântul spre a-i zămisli un rost,

În flacăra de pară din anii tinereții
Iubirile înghetate tânjesc un adapost,
Mă ard ca lumânarea pe pieptul stins al vieții
În plâns etern al ploilor ce suferă anost,

Topită mi-este ceara în pragul dimineții
Și în beznă scrie astăzi sărmanul anagnost,
Tot ce-a rămas nescris pe ciorna frumuseții
O ultimă suflare a ceea ce ar fi fost,

Mă ard ca lumânarea pe pieptul stins al vieții.

Noaptea spiridușul lui de tină

Undeva în pieptul vremii, tot trecutul mi se zbate,
Cad cortinele de apă precum gânduri secerate,
Amintiri, visări și tinderi scutur' florile pădurii,
Peste toamna ce falsează începutul uverturii,

Vântul curge, domolește vâlvătaia ce-n lumină
Caută cărarea- n noaptea spiridușului de tină
Și pierdută se usucă, doar arsura aminteşte
Că odată universul nepăzit parcă se- opreşte

Să se- ntoarcă, să viseze aspirația ce- a avut,
Pe cărarea unde viața-i în rotire s-a pierdut,

Unde singur cuibărește ferecându-și adăpostul,
Nemuririi solitare nici că-i mai găsește rostul;

Universul este singur și a fost dintotdeuna,
Adevărul este singur, lângă el numai minciuna,
Tace totul împreju- mi, adevărul pare mut,
Precum peștele în apă, precum buzele- n sărut,

Singuri noi, pe calea noastră mai fugim unii spre alții,
Pe o muzică uitată de popoare și de psalții
Care murmură- n biserici, temători și fără vlagă,
Vindecarea prin iubire, de a nebuniei plagă,

Obosită- mi simt făptura pe a trecerii cărare,
Schimb singuratea zilei pe aceea viitoare,
Căutând raspuns în ape și pe ceruri și în oase,
În speranța nemuririi sentimentelor frumoase,

Multe, necuprinse rânduri recompun iar întrebarea
Omenirii ce- o repetă, obsesiv precum născarea,
Cum voi face să nu piară năzuința- n cele toate?
Undeva în pieptul vremii tot trecutul mi se zbate.

Marginea lumii

Sufletu- mi spăl de păcatele lumii,
Ascultând melodia din noi,
Când recit uneori cu nebunii,
Poema uitării din ploi

Și fugim despletiți pe cărare,
Cu picioarele goale prin apă,
Înspre cai potcoviți cu visare
Ce din palmele noastre se- adapă;

Cad frunze din nucul pieirii
Risipă- n amurgul cel frust,
Sunt căile nedevenirii,
Cărarea spre drumul îngust,

Mă spăl de pacatele lunii,
Mă scutur ca frunzele vii,
Ma rog la picioarele lumii
Să- mi dăruie încă o zi,

Aşa mă cufund din iertare
În altă iertare de vis
Şi caut acea neuitare,
A tot ce- a rămas neucis,

Iubirile pur necarnale
Tânjesc dăruirea supremă,
În tremurul buzelor tale,
Precum o soluţie extremă,

Dorinţe suav infernale
Ascunzi în cuibarele lunii,
În nopţile pure, fatale,
Cădem de la marginea lumii.

ANGELA IRINA GHINTUIALĂ

Când visele mor

Plâng elefanții clapelor ce mor
Iar piesele de șah își beau ruina,
Când multe vânători își poartă vina
Îmbogățirii lumii în splendori.

Dar coarnele de cerbi și căpriori,
Împodobind vreo ușă insipidă?
Auzi gonaci sub roșia hlamidă.
Păduri plâng ramuri și îți dau fiori.

Vom trece, să vedem ce-a mai rămas:
Sălbăticia a ucis îmbogățind!
În cimitir de forme se desprind...
Treziți-vă, în cel din urmă ceas!

Rugă pentru Eminescu

Păstrează-le, clipă divină,
În versul ce urcă spre stea!
Citesc Eminescu-n lumină
Și cartea-i în inima mea.

Ți-e cântul izvor de cultură
Și vârful de munte din cer,
Iubirea-mpletind în natură
Idila... Iar sfântul mister

Rămâne simbol de credință,
Istoriei vezi un destin
Și viața și moartea-n ființă
Urmează statornicul chin.
Al nostru tu ești pe vecie,
Dar ești și al lumii întregi.

Poetul deplin care ştie
Că geniul nu are nici legi.
De sus, tu ne vezi şi ne iartă,
Da, iartă poporului tău,
Când n-a preţuit marea-ţi artă...
Deasupra-ţi e doar Dumnezeu...

Eminescu
(Variantă)

Din vraja sufletului tău, cu geniu ai cântat pe strune...
Poet iubit de Dumnezeu, tu, ce-ai venit ca o minune...
Ştiut-ai drumul pe pământ că măsurat ţi-e de ursită
Şi-ai scris cu patos crezu-ţi sfânt... Parcă atras de o ispită.

Ca nimeni altul în cuvânt, tu ai cântat cu dor iubirea,
Dar şi natura fremătând... Şi cerul sfânt... Nemărginirea...
Izvorul, codrul... Le-ai cântat... Şi teiul într-a lui
splendoare...
Şi ce-i frumos şi-adevărat... Şi-n veci va străluci sub
soare...

Şi spaţiul cosmic, stele-n zbor... Şi haina zărilor albastre
Şi viaţa, moartea ca izvor... Şi taina devenirii noastre...
Istoria şi-al ei mister... Şi românismul ce nu moare...
Şi arta, ce te-nalţă-n cer... Şi doina cu a ei chemare...
Tu, prozatorul inventiv şi dramaturg ai fost, se ştie...
Şi ziaristul incisiv, care-a ştiut român să fie...
Născut sub stea de vis şi dor, tu ai cântat pentru vecie
Tot ce-ai iubit nepieritor... Şi ai topit în poezie...

Cromatică

Ai răsturnat culorile lumii:
bulgării albaştri ţi-au trezit
amintiri despre somnul
melcilor, aruncând
cochilia mării,
în fiecare eclipsă,
de soare, de lună.
Ploilor le-ai dat
răcoarea serii,
tulburate de rouă
şi le-ai pus în priviri
verde-n faţă.
Galbenul din lămâie
s-a îndulcit
de atâta privit
asfinţituri celebre
şi s-a înroşit, de ciudă,
că n-a fost măr,
nici lui Paris,
care nu l-a mai dat
vreunei frumoase,
nici lui Newton,
să cadă, când putea
să urce şi el, acolo,
nici lui Adam,
care de-atâta şoptire
şerpească, a uitat şi
de Eva, din coastă.

Le-ai amestecat pe toate
în curcubeu
şi ai făcut zăpada,
cu care noaptea
sărută lumina.

Dor de albastru

Mi-e dor de albastrul din florile verii,
De rochia mării, în cumpăna serii,
De-azurul celest, oglindit în izvoare.
Surâd Grigoreşti, în a pânzei culoare.

Sclipind Voroneţul în zări de poveste
Şi Babele, Sfinxul înaltelor creste.
Tot cerul îl cheamă-n aripe de nouri,
Renaşte iubirea din vechile doruri...

Naşterii a poeziei

Poeţi sunt pe lume, cât este pământul
Şi toţi scriu cu harul, cu mintea, cu gândul.
Iar primul poet va fi fost oarecare,
Nici astăzi ştiut... Deci pierdut în uitare.

Cum cântul şi dansul creau armonia,
Eu bănui, aşa s-a născut poezia.
Tot stând la vreun foc, a cântat fiecare,
Simţind că aşa el ar vrea ca să zboare.

În pasul de dans, chiuit a strigare
Sunt versuri ritmate şi-apar ca o boare.
Cu focul în mijloc şi feţe-n văpaie,
Spun vorbe comune-n a stihului straie.

Şi primele versuri în tact se adună
Născând poezia, sub raze de lună.
Trec veacuri, milenii... Şi-a scris fiecare,
Precum a simţit, poezind în splendoare.
Revolta, durerea, ori dorul şi jalea,
Din inima lor îşi deschide cărarea,
Iubirea, visarea şi cerul prea sfântul,
Dar tot ce-i separă-i desigur cuvântul...

Copacul mereu

Ei? zeii în jur. El? copacul.
Ei n-au să găsească răspuns.
Au cerul. El are doar lacul
Şi-i punte spre zborul indus.

Azurul răpeşte privirea,
Cu norul mereu călător
Iar apa îi cântă menirea
Şi-i murmură cântec de dor.

El, arbore, vede în unde
Tot chipu-i cu-albastru şi nori,
Frunzişu-i, ce crengile-ascunde,
Coroana cea plină de flori.
Se ceartă cu zeii de-o viaţă,
I-ntreabă de moarte-n adins.
Răspunsul rămâne în ceaţă
Dar el nu se ştie învins.
Nu crede-n miraje, nu plânge,
De câte în jur a văzut.
Sodat al luminii, el strânge,
Pământul, în crez nevăzut...

Jocul destinului

La jocul cu destinul, față-n față
Cu piesele de șah ne înfruntam.
Dar miza era propria-mi viață,
Și riscul de a pierde-l măsuram.

Cu negrele muta, ca zeul morții
Iar albele-mi cădeau tot rând pe rând,
Dar el știa finalul, ca și sorții
Și nu puteam juca, de-albastrul gând.

Apoi, în umbra nopții, o sclipire,
Un trăsnet a lovit în masa grea
Și jocul meu schimbat îi dă uimire
Destinului... Privirea-i prinsă-n stea.

Și negrele lui piese cad cu rândul,
Se redresează albul, fredonând
Și piesele se mută doar cu gândul,
Deși nu-l vede nimeni și-i plăpând.

Șah-mat și albul iată reușește
Să termine partida în sfârșit.
Lumina doar în jurul nostru crește
Și-aduce pace-n sufletul uimit.

O buclă în timp

A nins fulguirea, ca zilele-n zbor,
Izvoru-i de gheață și luna-i în nor.
Iar pajura albă în zări a venit,
Pădurile-s albe, sub cer de-andezit.

E drumul ce duce spre-un sat depărtat...
O fată se zbate s-ajungă. Deodat'
Un urlet sinistru și altul apoi,
Mai multe se-adună-n-al vremii șuvoi.

88

Departe-i o casă, cu geam luminat!
Se zbate s-ajungă spre ea, ne-ncetat.
Dar iată i-aproape... O uşă... Ca-n vis,
În negura nopţii atunci s-a deschis.
Ajunge... Salvată-i! Femeia din prag,
O cheamă 'năuntru, primind-o cu drag:
- Pofteşte la masă... Mănâncă! i-a spus.
La foc te'ncălzeşte!
- Dar lupii?
- S-au dus!
- Ce cauţi pe-aicea? Cum singură mergi,
Când vântul năprasnic tot scutură crengi?
- Încep ca să iasă şi oameni la drum.
Aş vrea să pornesc înspre casă acum...
Şi lasă fetiţa un ban de argint.
- Rămâi dar cu bine! Secundele mint...
Ajunge din urmă la oameni.
- Ciudat!
De unde-ai venit? o întreabă mirat.
- Acolo-i o casă...
- A fost mai demult!
Dar vremea s-a scurs, revărsată-n tumult...
- Acolo am stat, am mâncat, am vorbit!
- Eu cred c-ai visat! Eşti copil rătăcit!
Nu ştiu dar nici azi, ce a fost, ce-am văzut...
O buclă în timp m-a adus în trecut.
Atâta ştiu doar, că atunci m-a salvat,
Pe drumul de ţară, ce-i astăzi uitat...

Copacul

Sunt un copac ce-a răsărit
Aici, de mii de ani.
Nu m-am temut de vânt şi ploi,
De crivăţ sau duşmani.
Puhoaie au trecut urlând!
Eu am rămas fidel,
Urmând mereu acelaşi gând,
Statornic şi rebel.
Furtuni de-au fost, le-am depăşit,
N-am plâns, de-i soarta grea.
Nimic din loc nu m-a clintit:
Istoria? Nici ea...
Copii, în jocul fericit
Stăteau la umbra mea
Şi-ndrăgostiţi din zări de mit
S-au regăsit aşa.
Izvorul ce trecea mereu,
Sub crengi l-am ocrotit.
M-au venerat ca pe un zeu,
Cu suflet larg, uimit.
Chiar centrul lumii de aş fi,
Aceasta-i soarta mea:
Că în picioare voi muri,
Aşa mi-e scris în stea...

Darul poeţilor

Sta Dumnezeu, pe gânduri dus:
Oare ce-ar fi să-şi cheme fiii?
Şi i-au venit pe rând, pe rând,
Precum se-ntâmplă cu copiii.

La fete le-a dat chip frumos,
Să fie-aşa, ca nişte stele,
Un trup mlădiu şi glas duios,
Curiozitate-n toate cele.

Băieţilor le-a spus: ,,Deştepţi
Aş vrea să fiţi, s-aveţi putere.
Ascultători, lucizi şi drepţi,
Să nu uitaţi vorbele mele!"
Şi au crescut... I-a înzestrat
Pe unii cu puterea minţii,
Pe alţii, meşterind ciudat.
I-a privegheat, cum sunt părinţii.

Şi printre ei au fost rebeli
Copii ce au clădit regate,
În versuri rămânând fideli,
Convinşi că orişice se poate.

- N-am să vă dau averi şi bani,
Deci nu veţi moşteni pământul.
Sunteţi boemi... Cu har, prin ani,
Vă veţi împodobi cuvântul.
Mai dragi îmi sunteţi dintre fii...
În viaţă să aveţi iubire!
Să vă-nălţaţi prin versuri vii
Iar darul meu e nemurire...

Albastra nuntă

Ascultă-i întristarea şoptită printre alge,
Neţărmurind uitarea, cu valul ce se sparge.
Corăbii albe-n zare par flori de lămâiţă,
La nunta-i în splendoare, tot despletind cosiţă.

Ce mire-i este? Cerul... La nunta cea albastră
A dănţuit misterul, cu păsărea măiastră
Şi au cântat sirene, Neptun, pe cai în spume
Cu stelele boeme şi vise fără nume.

Când ochii dragi de zână prin gene-şi cern uimirea,
Acelaşi dor îngână, tot celebrând iubirea.
Când zorile se-arată, ea, marea cea frumoasă,
În văluri răsfăţată, zâmbeşte radioasă...

FLORENTIN PALAGHIA

Pe lumea cealaltă

Muze goale solicită clienții pe întuneric.
Liga Drepturilor le permite
să pipăie strigoii la miezul nopții.
Oaspeți de vază, adunați ciorchine
prin saloane clandestine mânuiesc
cu dexteritate morții cu capete de balauri.

Scena s-a umplut cu grămezi de trupuri
urât mirositoare. Limbile lor ling
cadranul timpului săltăreț din care mama
înfulecă cu îndârjire.Zgomotul infernal
al timpului agresează universul.
Începe dansul, clipă atât de așteptată.

Înlănțuite odraslele sinucigașilor
încearcă să-și reconstruiască destinul.
Spânzurători tandre atârnă în aerul pătat
cu scursori de năluci palide. Ochii lor
de fosfor aprins sunt răpuși de imagini
cu prunci aruncați în vâltoare.

Hotarul fără limită înghite existența,
golul sucombă, clipa se dilată învingătoare,
supurează morții atârnați în lupanare.
Se zbat pe apa delirantă caravele cu zbaturi.
Muzele s-au risipit fără urmă
pe lumea cealaltă.

România (Sebeş)

Pământ de flori
şi buzele cerului
care mă sug uneori.

Am uitat să număr primăverile
care s-au înmulţit ca muierile,
m-am făcut una cu glia,
tot mai vâscos, cernoziom de România
şi cu picioarele pe o raniţă
m-am furişat peste graniţă.

Am sfârtecat cu buzele
o halcă de ţărână
şi m-am absolvit de toate acuzele.

La Sebeş, cerul a intrat nemuritor în mine
şi m-a aşezat alături de tine
ca o lumânare scânteindă
înainte de a-mi frânge gâtul
de tindă.

Roata

Răzvrătită de-o clipă
o bucata de pită
spulberă amintirile
asuprind rătăcirile.

Melcii, şerpii şi vinul
pe o muche de ţară
răscroiesc iar destinul
şi mă trec peste vatră.

Se subţie trecutul,
o să-nvie iar lutul.
O să lacrime roata
la-ntâlnirea cu tata.

Despre una şi alta
(Fiului meu)

Dicţionar cu lacune, caut şi nu găsesc,
mă împiedic de regnul ceresc,
în dreptul inimii, unde se scutură crinii
tămăduirii, unde greşesc.

De-o nemurire morţii mă salută
cu mâna pe inima lor descusută
să afle rostul ieşirii din stele
atunci când nemuritori ne închinăm la ele.

Poate mă grăbesc uneori să cotrobăi
neobosit hrană în cuibul cu vrăbii,
poate că şobolanii care mişună-n tihnă
mă vor uita în locul meu de odihnă.

Goană nebună după fluturi şi cergi,
aştept pedeapsa celor o mie de vergi,
mă regăsesc uneori ca o sămânţă în vânt
căutându-mi rostul de a rodi pe pământ !

Vezi Fiule, dicţionarul are lacune
şi nesfârşitul în noi definitiv va apune.
De mă vei căuta, epitaf, pe o stea concavă,
voi fi fără tăgadă, o nesfârşită lavă !

Iartă-mă că sunt, că am fost şi voi fi
pretutindeni printre morţi, nesfârşit printre vii,
nu-ţi rămâne nimic de făcut,
întinde mâna spre mine dacă vrei un sărut.

Dragoste mea din urmă...

Molozul canceros s-a depus pe oase.
Din cerul amintirilor de-altădată
trecutul descoase
umbra mea dilatată.

Clovnii se-agaţă de zilele mele
aşezate în jurul beregatei, mărgele.
Spânzur de tine, mă leagănă vântul
şi m-acoperă lutul.

Mătănii de zile mă înlănţuie
şi pe şiragul anilor scurşi dănţuie
o năpârcă de moarte
care mă salută venind de departe.

Ispăşesc o mulţime de rele rebele
trecând neputincios prin riduri de stele,
blândă ca o cometă mă luminezi o clipă
împingând din adânc spre mine o aripă.

O imagine cerul, o luntre spoită
de îngerii morţii ce se cern printr-o sită,
ocrotindu-mă poate, o icoană ce plânge,
mă îneacă cu doruri răzvrătite în sânge.

Şi aruncă groparii veseli pe mine cerul
şi mă-mbie cu lacrimi de vin pivnicerul
şi mă cheamă sub rodii la al meu căpătâi
dragostea cea din urmă, dragostea cea d-intâi.

Temeri

De ce când depăn trecutul
trupul meu, în două lumi de-astădată,
mă admonestează că-mi voi pierde sărutul
şi că începutul nu a fost niciodată ?

De ce să cred că totul e bine
când timpul îmi fuge de sub picioare
şi când de foarte multe ori când sunt fără tine
amintirile se topesc ca o ninsoare?

De ce să cred în voioşiile verii
când viaţa mea se destramă cuminte
şi simt că sfârşitul durerii
mă va reteza pe veci de cuvinte?

Odeoane

Ies oseminte
de prin morminte
şi se strecoară
printre cuvinte.

Poeţii flutură
steaguri
de purpură,
ies pe ponoare.

Mauzolee
şi Elizee
şi Odeoane,
fără icoane,

prea citadine,
prea fără tine...

Rugă pentru noroc

Morţi de vată putredă
carne grasă, râncedă,
cruci din lemn de cumpănă.

Sate fără de suflări,
viaţă fără de cărări
peste ţări şi peste mări.

Libertate mai deloc,
lumea trece ca prin foc
rugându-se de noroc.

În Ţara Sfântă

Ai plecat inimă !
Blânde vietăţi goale
ascunse-ntr-o cratimă,
se târâie-agale.

Purgatoriul se tânguie,
piramida vrea să se-întoarcă
după soarele care suie
din promoroacă.

Paşnic Ierusalimul
pe o muche de lume
se închină Sublimului
în versuri postume.

Vara e o spumă,
pe văi şi pe volburi
se înfige în humă,
se ascunde în scorburi.

Eduard Filip Palaghia ● **Florentin Palaghia**
dimpreună

Exilat

Oraşului din muguri de lumină,
biet urs de pluş cu nas de marţipan,
i s-au născut copii din crinolină
înfăşuraţi în candel moale. Pe-un divan
stau aşezate cinci păpuşi de abanos,
cu ochii trişti, în rochii de mătase,
iţindu-şi picioruşele de os

dintre rochiţe. La ferestră, şase
toreadori de mucava vopsită
aleargă tauri de hârtie
printre corăbii mici. În bol, pitită,
lâng-un bondar cu aripi moi
stă o furnică veştejită
cântându-i greierului. Doi
urşi grei de pluş, cu tobe mari
mai hibernează şi nu ştiu
că-s aşezaţi lângă canari.
Şi-n fiece cotlon al casei mele,
ca-ntr-o poveste fermecată
Trăieşte câte un personaj
înfăşurat în zahăr, ca-ntr-o vată.
Pe rând îl scot pe fiecare
să-l plimb printre bucăţi de nor.
Şi apoi îl culc, printre cuvinte
şi îl sărut, de somn uşor.

Incertitudini

După ce vei fi fost femeia mea,
am să te-ntreb, îndrăgostit:
Ştii, oare, tu, cât mi-ai lipsit?
Cum aş fi fost în lipsa ta?

După ce voi fi fost bărbatul tău,
ai să mă-ntrebi, înfiorată:
Voi fi şi eu *a fost odată*?
E oare-n dragoste vreun rău?

Tăcerile se vor aşterne,
pe chipul tău,
pe gura mea,

şi-n liniştea de catifea
ce împreuna, uneori,
îndrăgostiţii din lulea,
într-o sclipire de cafea
cu-aromă limpede de zori...
Vei ştii c-ai fost femeia mea.

Şi-n mângâierea de soldat,
ca-ntr-o gamelă cu tocană
vei înţelege că mi-e teamă.
Şi că ţi-am fost şi eu Bărbat.

Exorcism

Înfrânt fiecare zi,
îndragostit involuntar,
când contondent, când arbitrar,
visând, plângând, râzând, murind.

Naiv, absurd, mirat, timid,
îndragostit involuntar,
când contondent, când arbitrar,
murind-râzând, plângând-visând.

Plangând visându-te,
râzând murindu-ţi,
înfiorat, speriat, copil, fragil,
te-mbrăţişez dintr-un exil
tu însămi mie, însăţi mie tu.

Îngrădit

N-am obosit să te visez!
Şi dacă doare uneori...
Nu- i vina ta că nu te înfiori.
E vina mea când derapez,
Precum un pachebot de nori
Pe stelele Canalului Suez.

Şi-atunci când vreau să emigrez
Din praful vieţii fără rost,
Devin timid, absurd şi prost,
Am vise ude, delirez.
Şi stelele Canalului Suez
Devin din supernove sori,
Iluzii pe un pachebot de nori.

Aşa că mâine, când te voi vedea,
Zâmbind ca un copil, cu ochii moi,
Voi aşeza o altă zi de joi
Printre arome de cafea.
Şi, fie că-mi zâmbeşti, sau mă ignori,
De-acum vei ştii: îţi desenez,
Din stelele Canalului Suez
Solstiţii pentr-un pachebot de nori.

COJOCARIU VASI

Mamei

Mă veghezi cu toate stelele nopții,
mă mângâi cu vânturile văzduhului
și încă mă mai plângi cu
toată mohorârea ploilor.
Încă îmi mai cânți în glasul tuturor
păsărilor cerului
și în susurul izvoarelor din munte
iar pacea care mi-o așterne, uneori în suflet, El,
e ca sărutul tău.
Și, uite așa, pe nesimțite,
te regăsesc pe tine, Mamă,
risipită în tot necuprinsul firii.

Nunta spartă

Pe cărarea înspre poienile verii,
moartea plângând, urcă,
de pe margini culegând lămâiță.
„ Unde ești, iubite,
să-mi așezi în păr
cunună,
să-ți prind în piept, pe inimă, floare.

***
Copacul, din multele lui frunze,
tace... Se încovoaie.
Un vuiet și un freamăt se aud
dinspre coroana de gânduri
a înțeleptului.

Ocrotindu-se unul pe altul
împotriva furtunii,
adapă sistematic vâlvătăi,
unul cu frunze,
altul cu idealuri.

Expunere

M-au mistuit haite de cuvinte,
de am ramas doar o mână de oase
albite de arşiţele soarelui.
Cineva le-a adunat şi le-a dus la „Antipa"
iar cei de acolo m-au pus într-un borcan cu o
etichetă lipită pe el:
„Aici şade poetul K, doar oasele lui, el risipindu-se"
Prin straniile săli trec dame de epocă, din Belle Epoque,
fluturând din gene şi din evantaie, exclamând afectate:
„O!
Dar oasele acestea par faurite
de însuşi Michelangelo!"
Apoi trag pe furiş cu ochiul la recipientul pe care scrie
„Terente"...
....
Din borcane burtoase, peşti buboşi cu buze rasfrânte a
dezaprobare,
cu ochi bulbucaţi de stupoare,
exclamă:
„ O, Doamne, ce bombonici şi ce bulibăşeală!"

Amurg

Când caii, în goana lor nebună,
se vor rarefia în frunze
spulberate de vânturi pe cărările toamnei,
ma voi bucura de pledul multicolor
cu care îmi învelești genunchii,
aducându-mi aminte de poienile verii..
Voi picoti lângă foc
iar tu vei suspina din când în când,
cu ascuțimi de crivăț,
făcundu-mă să tresar dintr-un început de moarte.

Psalm pagân

Mi-e dor,
atât de aproape,
de tine,
atât de departe.
Când dorul meu se îndreaptă,
mânat de o satanică sete,
spre sufletul tău ca izvorul,
nu se aude nimic...
Doar copacii pădurii
își apleacă pudici vârfurile.
făcându-se că nu îi văd dezmățul.

***

Câtă pudoarc!
Cu o magnolie prinsă în păr,
pe după ureche,
ți-ai îmbrăcat tot trupul.
(gogyohka)

105

***
Undeva,
la capătul câmpiei
se stinge un astru...
O noapte de așteptare
zadarnică.
(gogyohka)

***

Am luat urma pașilor tăi
pe buza cianotică a oceanului.
În departare,
un pescaruș spargea tăcerea zorilor,
cu aripile sale îmbrățișând cerul.
(gogyoshi)

***

Lacrima ta
înghețată,
iceberg apăsând
rece
pe inima mea.
(gogyoshi)

***

Când te simte,
Sufletul meu începe să spere...
Oare cine l-a învățat sa cânte?
(waka)

MARINELA BELU-CAPŞA

Aştept vindecarea, dacă se mai poate...

Mă doare timpul tăvălit peste mine,
Mă doare bucuria care nu mai vine.

Mă doare speranţa pierdută pe drum,
Mă doare iubirea făcută azi scrum.

Mă doare veninul din zâmbetul tău,
Mă doare vorbirea cu sensul cel rău.

Mă doare lucirea din ochiul saşiu,
Mă doare neştiinţa de sunt mort sau viu.

Mă doare ziua pe care-o trăiesc -
Aştept iluminarea Tatălui Ceresc!

Aştept izbăvirea durerii haine
Culcată de veacuri la mine în vine.

Aştept iertarea nespuselor păcate.
Aştept vindecarea, dacă se mai poate...!

Când palmele tale

Când palmele tale catifelate
îmi mângâie obrazul,
şuvoaie de fericire se scurg
prin trupul meu
însetat de iubire;
când degetele tale,

sălcii fragile,
îmi prind palma umedă,
inima se topeşte de fericire;
când braţul tău
se roteşte liană
în jurul mijlocului meu,
dorinţele se trezesc la viaţă,
chemându-te;
când trupul tău se lipeşte de mine,
fiinţa-mi curge
aşteptând, în flăcări, îmbrăţişarea
ce mă va duce
în paradisul dorinţelor adormite,
gata să izbucnească –
lavă furioasă –
de prea multă aşteptare
în adâncul dorului nespus;
când respiri lângă mine,
lumea se rostogoleşte
în fuioare de nelinişte,
de teamă
să nu pleci
din sufletul meu
preaplinul de tine;
dar tu nu înţelegi
tăcutele mele aşteptări
şi mă ucizi lent,
minut cu minut,
trezindu-mă din pasionala visare.

Dă-mi o şansă, domnule!

dă-mi o şansă, domnule cu fular roşu,
eu te aştept
în sunet de fanfară
şi miros de tuberoză
culcată
pe foile timpului răbdător;
dă-mi o şansă, domnule cu fular alb,
eu te aştept
la căderea amurgului
în noaptea dansului
în pijamale
pe sofale
de mătase alunecoasă;
dă-mi o şansă, domnule cu fular verde,
eu te aştept,
floare a soarelui nerotită,
să-mi mângâi petalele nesărutate
de roua dimineţii;
pleoapa ochiului stâng se zbate -
frântă aripă de fluture în zbor
pierdut printre gene,
ochean căprui ce lăcrimează
obosit
de prea multă aşteptare;
dă-mi o şansă, domnule!

Desculță printre maci

Desculță printre maci
sărut umbra
plecării tale
în lanul infinitului.

Sub umbra de lotus
s-au culcat amintirile
obosite de atâta reluare.

În căutarea sinelui
joc alba-neagra
cu zarurile destinului.

Doar Zeii sunt omenoşi

De la un critic
cu părul cârlionţat,
narcisist,
suficient sieşi,
o fărâmitură de zâmbet
aruncată
pe paginile mele,
suferindele,
cu înfrigurată curiozitate
aştept.

Pe tejgheaua vieţii
nu sunt nici sticle
cu whisky,
nici buduoare parfumate,
nici imaginare scame
şterse

de pe gulerele
roase de molii
avare.

La mezat
sunt scoase
doar boabele de gânduri
încolţite
în nopţi cu luna plină
când vârcolacii trec
peste sufletele
chinuite
ale naivilor frământători
de cuvinte.

Judecătorul de cărţi,
plictisit
şi indiferent,
aruncă la coş
snopii de sentimente
metaforizate,
necitindu-le.

Doar Zeii sunt omenoşi,
uneori,
nu-i aşa?!

Invitaţie la dans

dimineaţa
îmi zâmbeşte
prin geam;
printre magnolii
mă invită să dansez

cu oamenii
grăbiți
să prindă clipa –
secunda nisipului
din clepsidra
neobosită
ce aleargă mov
înfășurată
în sariul strălucitor
al maratonului
timpului
neiertător

Lumina care purifică

fulger în oglinda nopții
cu gust
de zmeură coaptă
luminează Sfântul Mormânt
unde pâlpâie viața
curățată
de păcatele
nespuse
salvând sămânța de lumină
din noi

DANIA BADEA

Semne

Întins în iarbă
privesc cerul senin,
simt verbina cum îmi gâdilă umărul,
mirosul răvăşitor de iarbă strivită
mă trimite departe, în copilărie
printre tufe de coacăz,
printre perele căzute
şi volutele înalte ale păsărilor în zbor
pe care le conduceam cu privirea
până dispăreau la orizont
şi simteam iar pământul sub tălpi
în liniştea ierbii, acasă, sub soare.
Nimic din ce-a fost nu mai doare.
Covorul de iarbă înaltă se-asterne
încet,
atât de simplu,
sub vişinii albi
de floare,
promişi...
sufletu-şi ia din ei merinda vesnică,
amintiri pentru...eternitate...

Iarbă albastră

Mă acopăr cu plapuma cerului
şi te caut în mine
în timp ce trupul, floare de zmeur,
semeţit în iarba crudă,
îşi aminteşte fiorul nepământean
al contopirii cu materia,

113

firul de iarbă îmi încolaceste mâinile, picioarele, urcă în
mine, suveran,
poruncindu-mi sinestezic să rămân
doar eu,
atât de simplu,
răstignit pe iarba albastră,
oglindă a cerului
spre care privesc iar şi iar
învăţând să mă cufund în adâncuri,
în valuri de rouă, în volbura acestui început de toamnă...

Doar eu

Zbor ţâsnit dintr-un capăt al cerului meu în altul,
nori desenând imagini şi chipuri
pe care mintea de copil le agaţă
în copacul fanteziei
în fiecare dimineată de vacanţă
ca într-un ritual pagân, nebunesc
dezinvolt...
doar firul de iarbă mi-aduce, proustian,
gust de proaspăt şi crud,
de zălud,
nestăpânit
şi plăpând,
doar în gând.
Mugur de brad
smălţuit şi bastard,
răşini iluzorii
picură cald
stropi de candoare
pe iarba verde
lângă scranciob,
lângă viu gard..

Rondelul casei

Îţi simt pereţii cum vibrează
casă frumoasă, cuib de dor,
petalele în zori oftează,
dar nu se scutură, doar dor

când umbrele-n tavan dansează
mă simt în tine ca-ntr-un for,
îţi simt pereţii cum vibrează,
casă frumoasă, cuib de dor

icoane ce clipesc mă vază
îngenunchind lin pe covor,
iar raze ce pătrund durează
punte din cer până-n pridvor,

îţi simt pereţii cum vibrează...

Fluturi albi

În stropii de ploaie parşivă
ne-ntoarcem aievea în noi,
chiar dacă plutim în derivă,
e zbor consimţit şi apoi

lunecăm spre puntea cu soare
în stratul al treilea din nori,
doar tăceri vii, nu uitare
mamă, te visez deseori

nu sunt conştientă în vise
că eşti de-acum în lumină,

îmi apari cu gesturi precise
cum ştiu de-o viaţă, senină,

vibrând doar pentru semenii tăi
încrezătoare, atentă
scăpărând iubirii văpăi,
dând dimineţii o tentă

de violet aprins între nori,
văluri de dor fulguie blând
între cer şi pământ doar ninsori,
fluturi albi pe criptă cernând...

am tresărit pe-o geană de nor
din noaptea caldă, măiastră
înnodăm neştiut dor cu dor,
fluturi-cuvinte-n fereastră.

Trec ciutele...

Uite-au ieşit ciutele-n noapte,
pasul lor ezitant, precaut,
lasă urme-n omătul de lapte
ce se şterg, ninge mult, ca un scut,

ziua a-ngenuncheat lângă stânci,
brazii prind umbre negre, pufoase,
gânduri tresar peste vale, adânci,
ciutele trec înspre păduri de foioase

frica în suflete creşte, rânduri-rânduri,
zvâcnesc neştiut în noaptea sihastră,
puii tresaltă cu cerbii în cârduri,
doar luna s-aşterne albă, măiastră...

Semnale

Uneori lumina din noi pâlpâie blând,
rămânem numai zvâcnet tainic de gând,
roua din zorii scăldaţi în vapaie
sărutand trandafirii albi ca o ploaie,

lumina curată emite semnale,
ieşim cu totul din forme carnale,
sunte pâine şi grâu, pocalul de vin
sâmbur sfintit, în coş, pe stergarul divin

sămânţa rotundă, legămînt în inel,
doar zbucium şi trudă permise de El
până când ne topim, materie-n vânt
devenim murmur, zvâcnet mocnit în cuvânt

şi-ncăpem cu totu' ntr-o carte- solie
bacşiş vesniciei, sfântă faclie
cu lacrimi seci sublimate-n cuvinte,
fluturi de gând, aripi de dor pe morminte..

Pretexte...

Castanii mă privesc îngânduraţi
ca pe-o străină-n miez de noapte,
n-au noţiuni abstracte, chiar sunt fraţi
şi glasul li se scurge-n şoapte...

am mai trecut pe lângă voi şi ieri
poate că doar eraţi decorul mut
de vise amestecate cu păreri,
că suntem robii gândului născut

într-o fărâmă de eternitate,
din decupaje-n bucla timpului trecut,
e tristă haina toamnei, azi, brumate,
castanilor şi frunza le-a căzut...

de ce m-atrage trunchiul vegetal
să-l ţin în braţe şi să mă lipesc
de scoarţa vie, aspră ca un mal
în care doruri bat şi amorţesc,

e o lehamite în oameni şi-n castani,
de parcă timpul se agaţă-n vânt,
eu port în trup închişi atâţia ani,
iar în celule, scama din cuvânt,

îmi e discursul falnic, netrucat
aromitor, cu gust de fructe coapte,
evit o disonanţă ce s-a strecurat
ca umbra hoţului în noapte,

e doar un laitmotiv de cafenea,
un viu pretext la o şuetă literară,
aş vrea acum să dea un fulg de nea,
să mângâi pomii-n vers c-o rimă rară...

LUDMILA VÂRLAN TURCU

Seminţe de-adevăr

Seminţe de-adevăr nerăsărite
Zac, undeva,-n adâncuri germinând,
În aşteptare mută suspinând
De-un înţelept se vor descoperite.

Se vor aduse-n lume înflorite
Esenţa gândului iluminând.
Seminţe de-adevăr nerăsărite
Zac, undeva,-n adâncuri germinând.

Rămânem pradă minţii ipocrite,
Necredincioşi absurdul acceptând,
Tot mai adânc dreptatea îngropând
Să nu se işte-n clipe nedorite.
Seminţe de-adevăr nerăsărite.

Dorinţa de viaţă

În ce se măsoară dorinţa de viaţă
Atunci când se schimbă principii şi legi
Şi tu, ostenit de urcuş, înţelegi
C-atât de subţire e firul de aţă?

Slăbit de orgolii cuprinse în ceaţă
O singură taină încerci să dezlegi:
În ce se măsoară dorinţa de viaţă
Atunci când se schimbă principii şi legi?

Doar scuză e plânsul că soarta e hoață,
Că miezul de coajă nu vezi să-l alegi.
Adună puținul ce poți să-l culegi
Și firea avară întoarce-o pe față.
În ce se măsoară dorința de viață?

Am înclinat clepsidra

Am înclinat clepsidra... doar pe-o clipă
Să se oprească timpul mi-am dorit.
De mici fărâme care curg în infinit
Nu bănuiam, atunci, că fac risipă.

Să înțeleg vroiam de se-nfiripă
Al existenței sens inexplicit.
Am înclinat clepsidra... doar pe-o clipă
Să se oprească timpul mi-am dorit.

Suntem prea mici! Ne biruie nisipul,
În vremi și spații umbrele ne-nghit.
În urma ceasului neîmblânzit
Cu mii de voci, în van, ecoul țipă.
Am înclinat clepsidra... doar pe-o clipă.

Aleg

Aleg doar firul cel de pocăință
Când adevărul nu e mărturie.
Sub lacătul tăcerii pun dorința
Să-mi vindec cugetul de nebunie.

Nu-i loc in suflet pentru-al da-n chirie
Să găzduiască bobi de suferință.

Când adevărul nu e mărturie
Aleg doar firul cel de pocăință.

Minciuna e mai mult decât tendință,
Vibrează-n sânge plină de trufie
Înveşmântată-n mantii de "credință"
Când adevărul nu e mărturie.

Înnămolită în zădărnicie
Cum aş putea miza pe conştiință?
Să mă trezesc din spasme de-agonie
Sub lacătul tăcerii pun dorința.

Înclin balanța înspre chibzuință,
Îi mai adaug şi mărinimie,
În rugăciune îmi aplec ființa
Să-mi vindec cugetul de nebunie.

Să pot percepe ce e omenie
Mult înainte de-a semna sentința,
Să nu-mi joc inima la loterie
Pentr-un moment umil de biruință.
Aleg.

Te chem în locuri vechi

Te chem în locuri vechi, demult uitate
Să punem iar iubirii legământ,
Să se-mplinească golul din cuvânt
Cu scânteieri de vise spulberate.

Îți aminteşti pe unde-au fost lăsate
Să învârtească morile de vânt?

Te chem în locuri vechi, demult uitate
Să punem iar iubirii legământ.

Chemarea mea cu buzele uscate
Se zbate între ceruri şi pământ.
Nu se mai leagă totul ce-a fost frânt
Şi risipit prin vremi îndepărtate.
Te chem în locuri vechi, demult uitate.

E toamnă iar

E toamnă iar... şi iar gutuia-i coaptă,
Vrăjită o privesc ca pe-o minune,
Menită împreună să ne-adune
Aprinde-a sa lumină înţeleaptă.

De la fereastră adie cântu-n şoaptă,
Mă-mbată aroma vremilor străbune,
E toamnă iar... şi iar gutuia-i coaptă,
Vrăjită o privesc ca pe-o minune.

Ce scurtă-i clipa! Urc pe-o altă treaptă,
În urma mea încă un vis apune.
Şi m-aş opri! Dar gândul îmi tot spune:
- Grăbeşte-te, că timpul nu te-aşteaptă!
E toamnă iar... şi iar gutuia-i coaptă.

Romanţă de ploaie

Vremea-mi cântă romanţa de ploaie,
O aşterne în rouă pe vise,
Inima împietrită se-nmoaie
Şi sloboade tăcerile-nchise.

Sunt prea multe ce rându-şi aşteaptă
Să rostească o slovă sfioasă
Care s-ar dovedi înţeleaptă
Să justifice clipa fricoasă.

Când se-adună în suflet durerea
Încuiată ca bobu-n păstaie
Şi îmi pare că seacă puterea
Vremea-mi cântă romanţa de ploaie.

Alintă-mi sufletul

Când firul drumului se pierde-n timp
Şi nu mă plouă stele căzătoare
Alintă-mi sufletul cu flori de câmp,
Dă-mi frumuseţea lor nepăsătoare.

Culege-le mănunchi în dimineaţă
De mângâierea lunii sărutate.
Presoară-mă! Să-mi fie dor de viaţă
Când inima pe-un alt acord se zbate.

Răsfiră-le mireasma-ncântătoare
Pe gându-mi ostenit şi-aproape tâmp,
Dă-mi libertatea lor învietoare,
Alintă-mi sufletul cu flori de câmp.

Tac cuvintele

Tac cuvintele...
Ascunse-n toamnă
Printre frunzele căzute la pământ.
Nu se-aşază-n rânduri, nu se ceartă
Şi nici nu se spulberă pe vant.

Tac cuvintele...
Îmi străjuiesc mâhnirea
Solitare ca şi mine, fără glas.
Fără ochii tăi, fără de-a lor lucire,
Fără zâmbetul şăgalnic am rămas.

Tac cuvintele...
Şi le-aş ruga să strige
Să desfacă norii plumburii.
Să sloboadă focul care frige,
Nu ştiam că e aşa de viu!

Tac cuvintele...
Îngândurate...
Nu le-alină nicio lacrimă fugară.
Cum să prindă glas când zac uitate
Mângâierile închise-n călimară.

CAMELIA ARDELEAN

Rondelul toamnelor târzii

E toamnă în lacrimi şi-n rouă,
În frunze ce zac pe trotuare,
Se pitulă vântul prin scuare,
În noi amintirile plouă.

Se-mparte trecutul în două,
Cu vise de-acum voluptuare,
E toamnă în lacrimi şi-n rouă,
În frunze ce zac pe trotuare.

Trec anii în haina cea nouă,
Iubirea se ţese-n reluare;
Păşind pe candoarea ce moare,
Ni-s tălpile răni amândouă.
E toamnă în lacrimi şi-n rouă...

Rondelul timpului pierdut

Stafia timpului pierdut,
Ca o epavă mă apasă,
Îmi frânge clipe sub carcasă,
Lăsând destinul descusut.

Iubiri cu-arome de vermut
M-au prins vremelnic în ambrasă,
Stafia timpului pierdut,
Ca o epavă mă apasă.

Avidă de necunoscut,
M-am mulţumit doar cu melasă,
Mai am din porţia rămasă
Parfum din vidul absolut.
Stafia timpului pierdut...

Se tânguie natura...

Se tânguie natura cu glasu-i enigmatic
Şi deapănă, confuză, apusuri primitive,
În filele-i de gheaţă – atavice misive;
Îşi toarce anotimpul fuiorul său, apatic,
Pe buza înserării cu zâmbetul extatic.

Semeaţă e crăiasa cu rochia-i de gală,
Ornată cu dantele şi bumbi din promoroacă,
Când poartă, delicată, condurii pe toloacă,
Cuprinsă fără veste de-o sfântă amorţeală,
Sub fulgii ce se-aşază în pletele-i, beteală.

Ubicua silfidă tronează graţioasă,
Ţărâna e palatul ce-i străjuie veşmântul,
Ambiguu, foşneşte în sfera sa doar vântul;
Sub vălurile-i fine purcede cuvioasă,
La geamurile nopţii, perdele noi să coasă.

Pătrunsă de-umezeala din albul cel feeric,
Stă sigla-nsingurării pe vastele domenii,
Tractează veşnicia, în coarnele lor, renii;
Pe chipul său de ceară, un astru ahasveric
Gravează cu migală fărâme de-ntuneric...

Degust o fărâmă de stea

Degust o fărâmă de stea;
Mi-e foame de vechiul „capriciu",
De-a crede păcatul un viciu –
Cavernă în inima mea!

Răsfir un profetic nisip –
Secunda vegheată de înger,
Cu ropot la care mai sânger,
Proclamă un alt arhetip.

Transcend anotimpul peren –
Prin lacrimă fac escapade,
Cuvintele-mi nasc „Iliade",
Ce sapă în cuget aven.

Captiv în tonatice vremi,
Avânt către ceruri noeme
(Când umbra din tine se teme,
Mai poţi luminarea s-o chemi).

M-ai mângâiat cu slove…

M-ai mângâiat cu slove din coajă de copac,
Pe-un pat din răsărituri şi veri imaginare,
Mi-ai desfrunzit surâsuri ce-n rouă se prefac
(Prin aripă de flutur, lumina stea îmi pare.).

Am înţeles îndată că mai există „noi",
Sub raze destrămate de frig şi aşteptare;
Prin ropote de vise şi gemete de ploi,
Apusul din privire devine sărbătoare.

Mi-ai explicat afabil că valurile mor,
Ducând cu ele timpul sfărmat de întuneric,
Că astrele ne cheamă cu strigăte ce dor,
De gândurile negre primează pe generic.

M-ai ridicat din ceţuri cu gustul de catran,
În clipa tot mai scurtă, avidă şi pustie,
Mi-ai descheiat simţirea de lacrima în van,
Închisă-n orizonturi, mustesc de poezie…

Sub scânteierea florii de gutui
(sonet)

Sub scânteierea florii de gutui,
Am decupat simţirile de ceară,
Ce mi-au lăsat nervurile să doară,
În desfrunziri cu gustul amărui.

Şi domolind silabe-n călimară,
Am cutezat, în vise albăstrui,
Să îmi agăţ iubirile în cui,
Ca pe-o eboşă palidă, neclară.

Când degustăm himerele în doi,
Precum o pâine coaptă-ncet pe vatră,
Sau înotăm prin lanuri de trifoi,

Sărind pe nenoroc, din piatră-n piatră,
Ne aruncăm în patimă mai goi
Decât un strop de ploaie în polatră...

Ne-am dezlegat himerele...

Ne-am dezlegat himerele de noapte,
Rătăcitori prin visele-mumii,
Iubitul meu, să paştem mere coapte,
La herghelia plină cu stafii!

Ne-am dezlegat de orişice cutumă,
Cu-nstrăinarea facem legământ,
De sub zăpadă prinde-mă şi du-mă
Acolo unde pescăruşi mai sunt!

Ne-am cununat nădejdile în soare,
Ţintind pământul – leagănul fidel
(Pansaţi la stele când Lacteea doare),
Aveam neantul cel din urmă ţel.

Ne-am dezlegat iubirea de broboadă,
De constelaţii şi de armoarii,
La dezbrumarea lumii stăm la coadă,
Lângă cărarea dintre morţi şi vii...

Nu sunt poet...

Nu sunt poet, cel mult un trubadur
Al zărilor foşnind arar sub pleoape,
Un rătăcit pe-al sorţii abajur,
Ce-şi ia răgaz din lună să se-adape!

Nu sunt poet, ci un refugiat
Pe marea găzduită de foneme,
Din timp în timp, la nori afiliat,
Îmi dezvelesc azurul prea devreme.

Sunt un golumb ori poate-un albatros,
Când zborul mi-e votiv, ce mai contează?
În orologiul meu de vânturi ros,
Tic-tacul se apropie de-amiază.

Cu astrolabul vechi la purtător
Şi mintea împânzită de menhire,
Mi-am semănat noi vise pe ogor,
Sperând cândva să recoltez safire.

Nu sunt poet, de patimă exult,
Din paradigme mi-am făcut un cult...

Mă-mbrac în furtună...

Mă-mbrac în furtună, captiv
Ruginii ce flutură-n zare;
Cu freamătul persuasiv,
O lacrimă strigă din sare.

Mă plouă cu gust de abis
Şi-mi zgârie-o stea solitară,
Mă plouă cu sânge de vis
Împins din sinapse afară.

Răcneşte o linişte-n doi,
Se spânzură cerul de ramuri;
Un murmur salvat din puhoi
Mai vântură pe macadamuri.

Mă-mbrac în miresme de nor,
Cu vidul amic în oglindă,
Sub cioburi de vânt mă-nfior,
Deşertul din noi mă colindă..

FLORIN GOLBAN

cântec târziu

prin fereastra întredeschisă
luna rezemată de tocul uşii
roţile marfarelor sparg
liniştea nopţii într-un cântec târziu
şeful de gară trage adânc din ţigară

pe mirişte sperietoarea
sprijină pe umeri oiştea carului

so far away

în ajun
iarna desenase flori
pe fereastra dinspre
răsărit,
soarele zâmbea ştirb

„so far away for me"
se aude în surdină
la radio
„so far away for me"
şi o chitară acustică...

tu îmi citeai poeziile
îmi citeai poeziile
direct pe trupul tău
cuvintele mele
creşteau
creşteau

din vârful degetelor
pe trupul tău
fără punct şi virgulă

la radio
o chitară acustică...
„I get so tired when I have to explain
When you're so far away from me"
se aude în surdină
fără punct şi virgulă

how far away?
te întrebi tu
dincolo de fereastră

***

(femeia este o clipă)

femeia este o clipă
cât lumina unui amurg
restul sunt plăsmuirile
noastre erotice
cum pata de întuneric
a unei nopţi

Recviem

Nu eu am ucis
Privighetorile
Timpul s-a oprit
Ascultându-le.

Prefăcându-mă

Aş vrea să mor, prefăcându-mă că dorm
Aş vrea să dorm, prefăcându-mă că exist
Aş vrea să exist, prefăcându-mă că simt
Cum mă scurg din acest trup
Şi mă scurg, prefăcându-mă că exist
Şi exist, prefăcându-mă că dorm
Şi dorm, prefăcându-mă că mor
Şi mor, prefăcându-mă că mă scurg.

Generaţii

pe prispa din faţa casei
Sub privirea de patriarh
A bunicului,
Nepoţii construiesc amintiri

Autoportret

Între salcâmii înfloriţi
Şi liliacul din faţa casei
Îmi port copilăria
Ca un descântec.

Tu

Dimineaţa îmi beau cafeaua
pe buzele tale
cu gust de vară.

Spovedanie

În biserică,
aşezat lângă
Dumnezeu

Ce te supără
Fiule?

Păcatele lumii,
mă apasă
pe umeri
Şi nu am timp
Să- mi hrănesc
Sufletul.

Să- i dăm răgaz
Timpului, fiule.
Să- i dăm răgaz.

Naştere

Între două coperte
curge albia unui râu.
Naşterea e doar o prefaţă
a lumii.

OANA FRENȚESCU

Umblă liniști

prin colțuri umblă liniști
învingând zgomotele
ce mi-au mutat casa
mișcând pereții
înjunghiind pietrele
deschid pe genunchi seara ca pe-o carte
și caut crâmpeie de iarnă
lumina din fructe lucește pe masă
miros de mere coapte se plimbă prin casă
sunt închisă într-o desime de lucruri
fără uși
fără ferestre
c-un gând rătăcit într-o îndepărtare
unde clădirile par fără geometrie
înecate în zăpadă
umbra cuvintelor înverzește aerul
smulgând luminii partea lor de dor
 azi vise albe din cer nu mai cad
 nu se arată.

Partea mea de timp

Pe partea mea de timp
noaptea se așază pe un raft și doarme.
Alteori i se năzare
dispare printre case
și aleargă albă ca o rufă purtată de vânt.
Orașul se surpă,
 felinarele clipesc prelung,
visul mă poartă ca un prunc într-alt timp,

unde glasul mamei se aude chemându-mă la masă.
 Ochiul mi-e umplut cu frunza de nuc,
lumea-i micşorată închisă-ntr-o stea.
Carceră,
fisuri,
 ţărm zburător sau strict
m-adulmecă, visez,
ritmuri de aripi se zbat nemântuind nimic.
Tristeţea dintre nori se arată ziua,
cuvintele mă urmăresc din urmă,
zidurile se topesc trecând în viitor
şi noi nu mai avem nici fir de umbră.

Uitarea

în paturile albe şi triste
bolnavii au beznă în gură
o veşnicie nevăzută legată de picioare
şi-n mâini strâng scrumul
din lumina ferestrei
şi din somnul mărunţit în secunde
apostolii desculţi din cupru
extraşi din erezia bolovanilor
se târâie noaptea
în visele muribunzilor
care aşteaptă o mântuire de sus
mâine
uitarea după o zvârcolire
 în dispută cu viaţa
se va aşterne pe rând
în paturile albe şi triste.

Duminica trece...

Duminica trece prin oameni
scormonind întunericul
ascuns sub coaste, în ochi, în gând.
Deschide o fereastră unde toaca răsună cu muget violet,
limbi de clopot sfărâmă ecoul
format din pești apocaliptici,
sfinți cu surâs decolorat,
reliefuri învelite-n frig și speranțe,
o turlă surpată înclină lumina într-o parte.
Un ochi pironitor ca o strigare dintr-o icoană trece prin
tine.
Duminica fântânele tac.
Umbrele dorm sau îngenunchează
cu fruntea plecată-n pământ.
Aerul se plimbă pe bulevard,
trotuarele merg sub sălciile coafate ca de sărbătoare.
Duminica, îngeri formați din lumină și glas vin din neant
uscându-și aripile în lapte și miere.

Poemul

O desfacere în azur convulsionează
un spațiu aparent abordabil.
Poemul cade din mâini,
rămâne înghețat în aer,
își rupe creioanele ce l-au ovaționat îndelung.
Muza își strânge sărutul într-o batistă
și înghite o pastilă amară.
Luna se simte tuberculoasă
văzându-se palidă deodată,
deși dansase de curând cu talpa goală

acompaniată de frunze.
Şoimul de pe umăr conduce poemul
într-un alt spațiu,
unde zâmbetul îndrumă constelații.
O pădure zburdă în zare,
diminețile respiră teafăr,
seva cuvântului unge suflete
pline de neliniști şi freamăte de porțelan.
Printre suspine
poemul se azvârle pe toate ferestrele,
rătăcind între două lumi paralele,
perseverând într-un exod,
căutând un spasm izbăvitor.

Golul amiezei

Golul amiezii e devorat de aşteptări,
talpa calcă pe răceala pietrei,
pământul are sângele-n migrene,
un înger se agață de vânt.
Drumuri pierdute se întorc în gând
şi scutură flăcări lăsând în urmă eczeme.
Aceleaşi flori zâmbesc tot mai alb,
lângă geamul ce-l ating cu mâna.
Cineva a smuls cuvintele din pereți,
iar întrebările fără răspuns
se şterg cu ecoul ultimului pas.
Ascult desfrunzirea ce-mi incendiază visele,
o nebuloasă cu spații strâmte
încătuşează mişcările fără cuvinte.
Drumul rămas singur e o legănare înspre tăcere.

Amprente

Soarele râde-n vocale aprinse,
ca o lehuză marea se odihneşte
amestecând scoicile pe mal,
schimbând formele sunetelor din vară.
Puroiul din lume rămâne ca un zaţ
colorându-l cu miros şi gust de venin.
Alunec pe cuvinte suprapuse, dinăuntru
ce se-mbulzesc ca nişte ieniceri şi spahii
luptându-se să iasă,
 prin ochi, prin degete, prin tâmple,
înfrigurând ziua, ştergând petele din cer
pentru a scoate locul gol la lumină.
 Ghilotina lumii mă aşteaptă,
legendară, cu marea vină
de a fi ieşit din coastele pieptului,
dintr-un vid de nealbastru,
cu o inimă ce bate afară,
cu amprente ce rămân sub soare,
eonii nesupuşi creând femeia.

Târziul meu

Târziul nevisat şi neînchipuit
a apărut brusc pipăindu-mi toate formele,
amintindu-mi că tot o formă e şi moartea
găsită până-n ultima celulă ce respiră,
e-o stafie transcrisă-n adn.
Toate amintirile care dormeau
s-au trezit umblând prin toată casa.
Unele au început să mă ningă
 făcând din mine un iceberg,

cu mâini şi picioare îngheţate.
Altele m-au luminat, dându-mi foc,
arzându-mă,
până ce scrumul s-a depus în cuvinte
pe-o foaie albă şi goală, înnegrind-o.
Chipului tău, format din cuvinte
i-au dat o formă fără margini,
cu o aură de vid, plutind în spaţiu.
Târziul a rămas cu mine, înghesuindu-mă într-o sferă.

Clipe de linişte

Clipe de linişte culese din cărţi,
din cerul deschis pentru soare şi lună,
Culeg în gând tremurul lunii din crâng,
umbrele prelinse din păsări,
drumul prin noaptea salcâmilor
sfârşit stângaci
şi sugrumat de zare.
Printr-o spărtură, suspinul înfăşurat în bandaje albe
aruncă odaia înviată de soare,
până-mi sparg ochiul cu verbul ce roade uşa
şi-mi sare-n faţă la gestul tău vânat de vânt.
Şi caii toţi coboară-n sânge,
iar inima bate-n tavan şi-n perete
şi-n treptele pribege.
Mă arde o lumină şi cresc în mine arbori,
o humă se transformă în rocă de ispită
şi sferic se aşază cuvintele pe zid.

NICOLAE NISTOR

Coşmarul unei priviri

locuiesc într-un cub
lumină este peste tot
nu prea stau pe la colţuri
nu cunosc pe nimeni
uneori cineva ne inundă
nu ai unde să mergi
atunci pluteşti
toate intimităţile plutesc
lucrurile sau amestecat
după cataclism
evaluarea se face inutil
grămezi mari de lucruri
câte unul care a murit..
aşa de profund
graficianul ăsta mă introduce
în tabloul fără contur
aproape că m-am trezit
din coşmarul unei priviri...

Geometrian vieţii
Se dedică prietenului meu graficianul A.D.

nu ştiam să desenez durerea
trăiam prin ea o revelaţie
mâinile lui exprimau
geometria vieţii
imagini ce te puneau să gândeşti
femeile nu aveau faţă
doar culori amestec de culori
pe forme abastracte

141

capul bărbaților era rotund
gândeau rotund
priveau la un rotund
durerea se vede
în pata de ulei roșu
pe sârma ghimpată
în aerul care apare
între femeie și bărbat
parcă nu se privesc niciodată
reproducerea prin masca de gaze
multe lame în cap și pe jos
femeia care vrea un bărbat
lumea asta pe biciclete-n ambuscadă
iar visul meu amestec de cromatică
în cadă
nu știam că prietenul meu
vede o lume care stă să ardă
atâtea dreptunghiuri atâta dramă
cum se plimbă Dali pe stradă
iar geometria sacră stă să cadă

Înainte de ecou

A scrie la trecut
fără să strângi în pumni tristețea,
care ascunde durerea
ferecată prin strigăt,
este ca și cum arunci
un toiag înainte de sfârșit,
așa, ca trecutul să fie prezent,
când ecoul te va cuprinde până la surzenie,
și vei fi de mult adormit,
când se vor opaciza oglinzile
minții și trupului,

numai atunci scrisul tău,
va plânge!

Satul părăsit

M-am reîntors acolo din întâmplare
gardul căzut pe o ulcică ce moare
spartă și plânsa goală de vești
ce risipite povești
totul era rugină și scorburi
apoi nimeni nu există nici hornuri
nimeni nu strigă de la fântână
nici viață nu este nici tihnă
văd locul unde mă ascundeam
să văd iubiri neatinse
și nurii de fete aprinse
nimeni nu plânge în poartă
doar zgomot de clopot
din biserica înclinată
nici iarba nu mai are parfum
de cai zburători pregătiți pentru drum
nu mai simt în aer miros de salcâm
cine să moară cine să nască
alai de nuntă în glastră
ce verde era universul acela
când erau copii
cu semne de cireșe furate
când iezi domnului alergau
în satul plin de miresme
mirosul de pâine din cruce
să poată viața ușor a o duce
lapte de mamă lapte de viață
să crească copilul ferit de boli
copilul să aibă noroc

pus pe ştergarul de flori
să scape de apă şi foc
să-i fie poarta deschisă
să intre norocul şuvoi
pentru el pentru toţi
trecătorului ce bate la porţi
ce soarbe din ulcica cu boabe de rouă
ce aduce gazdei noroc
urarea să aibă belşug cât o vrea
unde eşti satule de călători
cu lacăte părăsite la porţi
locul unde vin morţii să ude flori!

Tu ştiai să zbori...

Te-am scăpat din mâini, neatent cu fragilitatea ta,
însă am văzut că poţi să zbori,
chiar fără elanuri şoptite.
Tu ştii bine, când cerul este gol fără mine,
nu te-ai rătăcit prin semnele cerului, de mine.
Un salt mortal când ne pierdem,
unul când fugim în umbre,
altele când facem cu viaţa tumbe,
şi plasa nu ştim unde-i,
atunci eu aştept acolo jos, nevăzut de lume,
prins în plasele puse de tine,
când tu nu mai ai pe nimeni.
Te-am pierdut din mâini,
atunci când făceam noduri de pescar aventurier,
când visam sirene arse pe rug,
când te visam în multe femei şi încercam să te adun.
Uneori, picai în gol, mă sufocam că nu te pot prinde,
numai dimineaţa la ştiri aflam că exişti,
moartea nu te prinde,

dar prin sticlă aveai ochii trişti, şi nu erai sirenă,
nici eu nu eram la circ în vreo arenă.
Sub plase stau numai cei care salvează frumuseţea
făcând noduri norocoase,
şi prinşi în nefastele lor nebănuite plase.

Urlet învins

l-am invitat la masa mea
să împart cu el ceva din mine
fără să ştiu că acel om
muşca din mine
am tot hrănit căpuşele
venite la furat
prea leneşe şi nesătule
care se ascundeau într-un canat
pilite şi sătule
apoi acest pierde vânt
ce se juca cu plastilină
crezându-se artist
a început să bată câmpii
că este creaţie divină
vai biet egoist
acum stă aşezat la alte mese
din lipsă de preocupare
ca oricare lăudăros
ce crede că lenea-i mare
ca mărul găunos
l-am invitat la masa mea
crezând că are suflet
am înţeles într-un târziu că este
egoistul trist
cerşind clemenţă de la propriul urlet
un urlet de învins

145

Linişte surdă

atâta teamă
refugiată
în biserică
a tras clopotul
acoperind durerea
sub cupola liniştii
definitive
surd
dezorientat
căuta calea
spre liniştea ascunsă

Timpul obosit

Această toamnă a început cu noi,
ca un preludiu după o vară arsă,
prilej de dans rotit în doi,
în casa cu crizanteme în fereastră.
Şi ne refugiam pe străzi beţive,
unde iubirile s-au înecat în vinuri,
cu fete durdulii şi guralive,
ce vând ca must dulceaţa de din chinuri.
Ne amintim de viaţa când eram tineri,
şi ne scăldam în apă de lavandă,
şi parcă eram cruzi, nemuritori
fugind de zilele care stăteau să cadă.
Ce toamnă cu miros de ploaie,
cu statuete inundate-n lacrimi,
ce obosiţi suntem fără de voie,
şi cum se scurge timpul de din patimi.

Să profităm, iubito, când timpul nu-i zgârcit,
să nu ajungem portrete într-un beci,
că nu ştii când la uşă-apare timpul, obosit,
şi ne-o strica tot chefu-n veci de veci!

Poetul

Poezia îţi pune capul pe trup,
găseşte căile minţii în infinite gânduri,
curge ca un izvor ascuns
în labirinturi pe care le descoperi,
pe care nu le ştiai, nu le doreai,
dar fără ele, te sufoci!
Poezia rostită doare ca o rană
a unei lumi pentru care suferi.
Uneori, florile ascund mirosul
cuvintelor tale, asemeni trupului.
Destinul tău
are urme adânci în pietre,
amprente de lacrimi uscate
pe crucea care priveşte în sus.
Poetul este altfel decât semenii,
este singur cu toţi,
este puterea ascunsă
în fragilitatea acestei lumi
Poetul nu moare în cuvinte,
nici pe flori de morminte,
are aripi luate din Soare,
când arde,
cade în Nemurire.
Cine ca el poate să zboare?

Tăcerea devenise cruce

am încercat să vorbesc cu el
atâta tăcere de piatră
prea frig să ating
urmele lăsate
de un meşter care
a plecat după el
am lăcrimat
peste urme de lumânări
care desenau timpul trecut
cuprins de verde
amestecat cu tămâie şi trandafiri
atunci am vorbit mult
foarte mult..
în inima mea tăcută
nu plecase demult
şi încă vorbea
până Luna lumina peste noi
lămpile se aprindeau
în jurul nostru
zgomote de caleşti
şi miros de flori albe
acoperite de zăpada din noi
întorceau timpul
când aruncam jobenul
şi basonul se transforma
în uroborosul care se strecura
între pietre
atunci tăcerea dintre noi
devenise cruce

EVELYNE MARIA CROITORU

Stropi

Desculțe,
Tălpile noastre
Tulbură
Pleoapele macilor.
Îndrăgostite,
Sărută clipa de taină,
Colorând
Îmbrățișarea zorilor.
Tălpile noastre,
Stropi în
Secretele macilor.

Legământul ploii
Scufundă-mă-n cuvinte
ca-n legământul ploii
să-mi spăl sufletul
stârnit cu ultima aversă.

Roadele tale
să mă prindă-n
jarul vieții,
precum genele soarelui
scot în larg
bucuria căldurii.

Iubirea

Iubirea mă prinde-n
Căuşul fierbinte,
Mă poartă-n al
Macilor
Dulce ocean,

Cu tine
Şi vântul
Îmi pare cuminte,
Mi-eşti patimă
Vie,
Tribut
Şi alean!

Din luntrea lui Caron,
Spre somnul
Tăcerii
De-o fi
Să mă ceară
Amurgul,
Să taci!
Să-nalţi rugăciune
Să-mi slobode
Ochii,
O clipă
Spre tine,
Şi … lanul cu maci!

Cuvântul

E-o vreme când cuvântul,
precum parfumuri scumpe,
pătrunde fin veşmântul
de rostuiri trecute...

Adastă iar în portul
Ce sufletul zideşte,
Adulmecă netimpul
Ce din tăcere creşte.

Te războieşti cu mine
Cuvânt fără de milă?
De unde nălucirea
Ce te aduce iar ?

Ci vino la lumină
Din necuvinte reci,
Silabe înţelepte să dăltuim!
Poteci!

Mă storci de înţelesuri,
Mă răzvrăteşti, mă mântui,
Mă ţipi! În duioşie m-alinţi!
Mă muşti, mă dori !

Te beau în cupe sacre
Te oglindesc în mine !

Răsari iar din adâncuri
Să-mi înfrunzeşti extazul
Tăcerilor ţipate,
Nălucilor uitate!

Acum eşti iarăşi spadă,
Eşti amforă şi astru –
Eşti drumul spre lumină,
Eşti freamăt
Eşti albastru!

Te caut cu ecoul.
Mi-eşti singura comoară!
Şi leagănul şi rostul
Şi haină şi povară.

Vântul albastru

Auzindu-se numai pe sine,
Inima mea s-a crezut piatră.

A modelat izvoare de lacrimi
Şi a gonit prin scrumul peceților,
Până la capătul lumii...
Apoi s-a rostogolit
În cea mai frumoasă trecere
A vântului albastru.

Pentru Iubire

De-aş fi, în aşteptarea ta
Înţelepciune şi menire,
Ţi-aş lumina şi aripa
Şi ramura.
Pentru iubire!

Ţi-aş fi şi oază, beduin!
Deşertul să ţi-l sting,
Deasupra clipei cu senin
Şi veşnicii să ning!

Cu har, iubite călător,
Chiar tu mă-mbogăţeşti,
Un fir de busuioc anin
În crengile-ţi cereşti...

Stol de cocori

Aprinde-mă-n noapte, iubite,
Şi poartă-mă-n cuib de jăratec,
Pe deal, când salcâmii dau umbre,
Şi foşnet molatec.

Aprinde-mă! Hai pe coline,
Să smulgem piane din noi!
Un stol de cocori în lumină
Vom fi amândoi!

Departe de ochii mulţimii
Cu-arome de flori curcubeu,
Aprinde-mă-n noapte, iubite,
Acum şi mereu!

Tăcerea cuvintelor

Tăcerea cuvintelor
Din coaja amurgului –
Barieră timpului
Scufundat
în noi înşine!

Ce zbucium
Să ignor
Tăcerea
Cuvintelor tale...

Dorul

Dorul de tine
E ultimul gând
Din geana somnului.
El ţese mătasea
Ce mă-nfăşoară
În răsăritul
Ce-mi eşti.

Purgatoriul dantesc

Prea devreme
Ai venit
Toamna mea!

Trist privilegiu,
Să fii privit în faţă
De frunzele galbene
Ale vieţii tale!

De ce-ai venit
Toamnă?
Nu vezi că
Abea acum
Îmi strălucesc
Literele precum
În Purgatoriul
Dantesc?

Tu

Linie albă
Pe plajele matinale
E absenţa ta.

Verbul tău
Închipuit în mine –
Pânza pe care
Risipesc în larg
Infernul singurătăţii.

Ţărmul memoriei

Colţi ascuţiţi
Se răzvrătesc
Pe singurul ţărm
Al memoriei
De pe buza dornică
A copilăriei.

Din fluviul peniţei
Spre aurul toamnei
Istovim viaţa.

Cu mâna ta
Alungă-mi duhurile
Surde ale vremii.

Binecuvântează
Degetele silabelor mele.

ELENA LILIANA POPESCU

Pietà

Privirea pătrunde în marmura pură
ce-şi cântă iubirea cea fără de seamăn
şi-n veşnica ei resemnare, îndură
întreaga durere ce Lumii e leagăn.

Şi Spaţiul se strânge şi Timpul dispare,
doar marmura plânge-n tăcere...
Natura e mută. E doar disperare
când moartea tributul de viaţă şi-l cere.

Pierdută-i acum omenirea întreagă
prin vina imensă şi copleşitoare
şi însăşi Fecioara Maria se roagă
doar pentru a noastră Iertare.

Şi Cerul se-ndură şi Graţia vine
doar marmura pură e vie.
Eterna icoană, sculptată de Tine,
rămâne a Milei divine solie.

Sub paşii tăi...

Când calci acum
pe piatra care
sub paşii tăi
abia tresare,
înăbuşind
durerea-n sine
şi pregătind
viaţa ce vine,

157

Te-ntrebi tu oare
dacă ea e fericită
şi-ai putea,
când,
pentru-o clipă
te opreşti,
în gând,
smerit
să-i mulţumeşti?

Te-am recunoscut

Te-am recunoscut
în chipul mamei mele,
care mi-a dat sângele ei,
pentru a mă naşte,
cântecul ei de leagăn,
pentru a creşte
şi viaţa ei,
pentru a înţelege,

Te-am recunoscut
în chipul fiului meu,
care mi-a dat candoarea lui,
pentru a renaşte,
visele lui,
pentru a mă regăsi
şi revolta lui,
pentru a înţelege,

Te-am recunoscut
în chipul prietenului meu,
care mi-a dat forţa lui,
pentru a continua,

speranţele lui,
pentru a le realiza împreună
şi indiferenţa lui,
pentru a înţelege,

Doar atunci când
Te-am recunoscut
în chipul Învăţătorului,
care mi-a dat ştiinţa Ta,
pentru a mă cunoaşte,
iubirea Ta,
pentru a înţelege
şi tăcerea Ta,
pentru a Fi...

În clipa regăsirii

În libertatea mării constrângerea e malul.
Deplinul întuneric lumina o conţine.
Pe ţărmul neclintirii neliniştea e valul
şi din ce-a fost el lasă doar lumea care vine

Nimic îţi pare totul când cauţi nemurirea.
În muta disperare tăcerea e cuvântul.
Nefericirea însăşi cuprinde fericirea
când, plin de umilinţă, tu părăseşti pământul

Iluzia, supusă, ascunde adevărul
doar pentru a-l cunoaşte în clipa despărţirii
Acela care astăzi înseamnă trecătorul
şi care este veşnic în clipa regăsirii…

Nu mi-ai spus

Mi-ai spus
că Poezia
este ceva
cum n-a mai fost...

Un miracol
văzut
în clipa de linişte
ascunsă
într-un fapt
firesc

Mi-ai spus
că Poezia
este Mirare
ce cuprinde în ea
disperarea
de a nu şti
dezlega
Misterul

Dar nu mi-ai spus
că Poezia
te cheamă
Acolo
unde găseşti
Întrebarea - Răspuns

Cânt de Iubire

Aşezaţi la masa Tăcerii
în regatul necunoscut
Poeţii frâng pentru noi
pâine curată
stropită de Rouă cerească…

Morţii cu morţii, se spune
şi viii cu viii!
Dar ştim noi oare
care sunt morţii
şi care sunt viii?

Un Poet mai mult
dincolo…
Un Poet mai puţin
aici

La plecarea
în regatul tăcut
Poetul ne lasă
un cânt de Iubire
necunoscut…

Imn Tăcerii

Cel ce aspiră încă să-şi rostească
sensibila trăire-n poezie,
Cel invitat la cina-mpărătească
hrănind cu har umila-i fantezie,

Cel ce ofrandă-aduce tot ce are
Aceluia ce-nseamnă însăşi Viaţa,
cel ce se-ntoarce veşnic la izvoare
şi-i pregătit oricând pentru povaţa

Oricui ar fi dispus să îl înveţe,
cel ce se-ncumetă-a privi-n tăcere
să-L vadă-n faptele ce par răzleţe
pe Cel ce, Singur, ştie-a lor durere

Şi le păstrează-n viaţă prin Iubire,
cel ce-n poeme-ncearcă să cuprindă
Esenţa vie-ascunsă-n elixire
şi din tabloul Vieţii să desprindă

Ce Pictorul a vrut să-nfăţişeze
prin umbrele pe Chipul nemuririi,
cel ce-ndrăzneşte să se adreseze
prin efemere versuri, omenirii,

Muindu-şi pana-n disperarea mută,
reînviind speranţa şi-n cuvinte
Întreaga lui iubire aşternută,
din toate câte sunt, luând aminte,

Cel ce avea atât de mult a spune,
Cândva, prin rimele-i meşteşugite
ar mai putea un alt poem compune
decât cel al tăcerii nesfârşite?

Lumină lină

Aprinde candela-n lăuntrica odaie
ce-așteaptă prefirata ei lumină
Îmbracă-ți sufletu-n cele mai simple straie
să-ntâmpini potrivit rostirea-i lină

Și lasă raza-i preacurată să pătrundă
în fiece ungher, străluminându-l,
Veghează ne-ntrerupt, nimic s-ascundă,
necunoscutul suflet cunoscându-l.

Undeva - cândva

> *Tatălui meu,*
> *poetul pilot George Ioana*

Abia acum
îți scriu această scrisoare
în care te rog să mă ierți
că nu m-am gândit până astăzi
că aș putea să-ți scriu
după ce ai plecat
atât de departe,
s-ar putea spune,
pentru totdeauna...

Tu știi că din momentul acela,
al zborului tău neașteptat,
nu am reușit să adun

un mănunchi de rânduri
încărcate de speranţă,
deşi am continuat să fac
ceea ce am crezut că e bine,
asemeni celor ce îşi imaginează
iluzoriu că ştiu ce e binele,
în orgoliul lor aflat în expansiune.

Şi cu toate că nu ţi-am spus până acum,
tu trebuie să ştii
că dorul de tine a rămas intact,
că nu a trecut nici măcar o zi
fără să nu fi aşteptat să-ţi aud glasul,
recitând în lumina zorilor
cele mai frumoase poeme din univers,
imaginându-ne ca altă dată
că este o zi obişnuită
a unui anotimp oarecare
dintr-o planetă uitată de lume,
care îşi trăieşte, neştiut,
asemenea ţie,
undeva - cândva,
viaţa fără de moarte.

BOTA LUCIAN-VICTOR

Suflet în mişcare...

aripi de vânt,
peste geamătul munţilor,
pietre sfărâmate în pământ,
ceruri izvorâte din abisul munţilor...
suflet în mişcare

Simt...

simt cum cerul apasă pe umerii mei,
goi de timp,
cruce răstignită peste cruce,
în răstimp,
în răstimpul care curge
aripi de vânt
zidite...

***

în dimineaţa aceasta
cerul îşi coboară cortina de nori peste oraşul
care se scaldă în tăcere
şi mă îmbracă într-o nelinişte

copacii din fereastră leagănă frunzele
în ploaia care începuse
să cadă peste trecătorii grăbiţi
despicând tăcerea în paşi
brownieni

în dimineaţa aceasta
trupul mi se veştejeşte odată cu anotimpul
chipul meu de ceară căzuse din palmele
dimineţii

mă trezisem într-un ochi
de singurătate

***
îţi simt buzele reci

sărutările tale nu mai calcă potecile
cărnii mele

cuvintele tale devin
atunci
nişte săgeţi înveninate

veninul lor îl simt cum se scurge
prin fiecare bucăţică de carne
cerul mă simte ca un zbor paralizat
care se târăşte pe pământ

într-o lume în care mai mult plouă

***
am să-mi beau cuvintele
împreună cu ale tale
şi-am să sting lumina
ochilor , acoperindu-mă
cu o pleoapă cenuşie
a inimii tale

am să visez ochii tăi
scăldaţi în roua dimineţii
ca o petală de trandafir
am să plutesc spre tine

***

dincolo de pereţii cerului
nu se aude niciun zbor
pietrificata aripă
are acum forma unui calendar
fără zile

pe marginea timpului
stau răstignit
într-un colţ de unghi
geometric
la capătul universului

şi încerc să-mi ascult zborul
într-o surditate profundă
aşteptând ziua de mâine

***

fereastră descrisă
spre sufletul de azi

poetul ,

are doar conturul
unei ferestre
oarbe

îmbătrânite...

***
în goliciunea aripii
îngerul tace
zidindu-şi trupul în trepte
şi-n ochii mei
zborul rămâne
ţipătul neputinţei

***
zideşte-mi Doamne , sufletul
în pântecul de pământ
în care prins-am rădăcini
de la strămoşii mei
acolo unde încă n-au secat izvoarele
să le mai aud cum plâng
printre cioturi de păduri
...uscate

***
aripile mele nu au loc
pe cerul acesta
e trafic infernal
se merge bară la bară
şi cerul se îngustează precum o aţă
plină cu elefanţi care zboară
de colo colo
până când aţa devine o linie subţire
imaginară

VALENTIN RĂDULESCU

desfrâu diurn

Iubito hai să mutăm munții
Să facem din infern un paradis
Să punem lacăt peste noaptea nunții
Convinși că tu ești penelopa și eu primul ulis

Noi doi să ne luptăm cu întâmplarea
Papucii robi să-i liberăm din cale
Ochilor noștri să schimbăm culoarea
Nebuni să zicem că oricare deal e vale

Să ne urcăm voioși în carul mare
Să ne rugăm de cloșcă să ne dea un pui
S-aprindem stele cu o lumânare
Eu să-ți șoptesc și tu să-mi spui

Să ne-mbătăm într-un desfrâu diurn
În pat să cultivăm doar ghimpi
Să ne-mbăiem în apa unui cer nocturn
Să nu mai ținem seama de secole de timp

Jurând că viața-i tridimenională
Că este cerul mult prea mic
Să ne închidem într-o stea ovală
În statul Nu s-a întâmplat nimic

regrete

La moartea Donei Clara

Mai stai iubito mai stai nu pleca
E clipa aceasta atât de frumoasă
Mai stai să ne spună altcineva
Că aceasta iubire de zei nu-i noastră

Priveşte o clipă-napoi cărarea-i sihastră
Vine de nicăieri dar nu e fiică măiastră
Mai stai să ne spună cineva din fereastră
Că iubirea aceasta de zei nu-i a noastră

Nu vezi ce vânt rece bate-a pustiu
Şi mâine va ninge cumplit va ninge cu foc
Aşteaptă să scriu în jurnal că încă sunt viu
Şi că pe lume există desigur noroc

Mai stai iubito infinit îţi e trupul
Pasăre cu ochi de floare albastră
Dumnezeu vrea să ne spună cuvântul
Că iubirea aceasta nu e de zei e a noastră

interior devastat

Atârna de mânerul uşii un bunăziua
Uitat de cel meşter şi de hoinar
Sufletul cerului plecase din vreme aiurea
O lună să ia din bazar

Dezertor era şi becul din singura lustră
Fiindcă un geam crăpase obez
Vântul venise călare din pustă
Şi-mi cerea cu ploi să-l botez

Orele nopții se prinseseră-n horă
Un păianjen într-un colț croșeta
Rochiță pentru o muscă minoră
Uitată de-o furtună cândva

Mânerul ușii avea un veac și ceva
Și mai aștepta un pui de amiază
O nouă viață utilă să-i dea
Că el la ușa iubirii veghează

drumeț

Mergeammergeammergeam
Tovarăș mi-era spicul din lan
Se-ntindea la nesfârșit o cărare
Nemiloasă ca rana ademenită de sare

Cădeau melodii de pe boltă
Eu îngânam pierdut ultima voltă
Vântul viola virgină câmpia
Luna privea nepăsătoare stihia

Aerul provocator ca o damă
Lovită de un miez de sudalmă
Arde în noapte cu petale de maci
Eu plâng mergând și tu taci

Soră geamănă doică a vântului
Dezleagă zăvozii pământului
Și lasă-mă-n cătușe de dor
Sămergșifărădureresămor

promisiune

În blocul vechi din cartierul tei
Am acoperit fereastra c-o zdreanță
Să nu-mi mai intre-n casă zmei
Și nici să mă-njure oricare clanță

În chichineața mea de la etajul 2
Îmi vin ades tristețele la cină
Și-mi spun că pentru ele sunt gunoi
Că niciodată n-am cămara plină

Că umblu noaptea pe maidan hoinar
Că n-am prieten șeful de la bloc
Nici în bibliotecă pe Kayam Omar
Și nici cu moartea n-am făcut un troc

Le spun că am ca rud-apropiată
Lacul fără nuferii orfani din el
Că aliev m-a lăudat odată
Că sunt nemulțumit mereu rebel

Avere am doar mușuroaie de furnici
Și sprijin numai tufele de liliac
Că-n hol m-așteaptă opt pisici
Pe care le hrănesc cu boabe vrac

Dar îmi dau seama că vorbesc în van
Ca pentru surzi eu cânt aria solo
Le rog să mă îngăduie un singur an
Și le promit că voi fi marco polo

TITUS GUŞĂ

Unor visători

Îşi risipesc poeţii zilnic ADN-ul,
Cerneala scrisului e-n puls fior,
Ard torţe-n inimi pentru Zeul
Ce-a pus o Cruce, Vers în tâmpla lor.

Ei cânt' ades dureri sedate,
Scăldând deşerturi în fântâni bogate;
Extrag din lacrimi săruri unicate
Condimentând secunde-n rime irigate.

Mai muşcă cinic lucrul nefiresc,
Satira şi pamfletul sunt fertile ploi
Din care macii sângerii nutresc
Podoaba frunţii încastrate-n foi.

Îşi risipesc Poeţii zilnic ADN-ul,
Cerneală şi cenuşă este pulsul lor,
Cu febra frunţii se hrăneşte Zeul
Ce le-a pus Cruce, vers nemuritor...

Reverie

Am aţipit mai iute decât ieri
şi-au coborât la mine nişte cerbi
să cate apă în orbite oarbe
dar spaima mea i-a alungat departe
acolo unde nu există şoapte
nici pas de om ori carabină
şi unde peste hăuri de lumină

173

se naşte început de cânt de violină
la care tot ce mişcă şi-i făptură
dansează nevăzut
după perdele de stamină...

Ne...Cu...Nu...

Ne îmbrâncim pe scara falselor valori cu toții,
Strivim firul de iarbă proaspăt încolțit,
Parcă şi noi ne-am rătăcit în emisfera urii,
Dar ne-agățăm de un utopic vis ivit.

Cu touch-ul ne-aşternem poezia pe divais
Dar ne-am pierdut din ochi dumnezeirea
Când singurul nostru scop precis
Era să ne aflăm aici, cu sârg, menirea.

Nu conjugăm prea des din verb iubirea,
Din grabă şi viteză facem interes.
Corupte-s, gânduri, fişierele şi firea
Pierdut şi irecuperabil palmares.

Risc

Uneori eşti poteca ce urcă pieptiş
şerpuind în tăcere spre pisc
ori eşti bulevard sufocat de oraş
al cărui vacarm îţi este un risc.

M-am riscat la-nceput prividute-n ochii
de-un verde-albastru mirific de crud;
m-am riscat naiv în mreje căzându-ţi
dorind înţelesul adânc să-ţi pătrud.

Tu umpli cu viu negre spații aride,
tu umplii cu rost albe foi,
tu riști fericirea odată cu mine,
și vezi alb și negru ce este în noi.

Tu ești o substanță bogată-n nuanțe,
ești misterul din lume și ești infinit,
ești ploaia ce pune fertile speranțe,
ești gândul frumos ce e definit.

Salvare ne ești de teama din noi
reală, rebelă sau doar fantezie,
ne cureți lăuntrul de tot ce-i noroi,
ne mântui, prin vers, Poezie.

Simetrie

Nimic nu-i oglindit fidel
În lume nu există simetrie
Zadarnic urmăm un model
Rezultă tot o inepție...

Degeaba fluturi adevăr
Ce-i relativ și iluzoriu
Și muști ades, avid, din măr
Ispita stând pe-un promontoriu.

Când te privești în ochi creștine
Și-ți înviază viața-n lut
Să fii simetric tu cu tine
Iată secretul absolut!

Între clasic şi modern

Orele au mers modern
Eu prefer clasic secunde
Că-s fărâme de etern
Ce fac slovele fecunde.

Ani-s diferiţi şi-s praguri
Clasica măsur'a vremii.
Eu scriu visele pe garduri
Să mi le umbrească pomii.

Multe le îneacă praful
Ce-i stăpân acum pe inimi;
Din cerneală curge oful
Ca un alambic de patimi.

Jaful nesimţit, minciună
Sunt al timpului modernul;
Clasica, smerita strună
Îşi asumă-n Azi infernul...

OVIDIU OANA-PÂRÂU

Ghiocelul şi vântul

Azi am pătruns sub mantia albită,
Peste natura toată risipită.
Să cat sub patul putred de frunzişuri
Cum germinează viaţa-n ascunzişuri.

- Hei! m-a strigat deodat` un ghiocel.
Ajută-mă de vrei, căci măricel
Nu-s de ajuns, să ies sus la lumină !
Putere n-am destulă-n rădăcină !

În pojghiţe suflând, drum i-am croit
Şi puiul de lumină-a răsărit
Îţind scufia-i albă înspre ceruri.
Dar, zgribulit, s-a-ntors pişcat de geruri.

- Vai mie! Vai de mine! Ce mă fac?
Întreabă ghiocelul un gândac
Ce somnolent mişcase doar un pic.
- La ce-i afară, nu mai fă nimic !

Rămâi la locul tău şi fii deştept
Sau ia-te după mine! Eu aştept
Covorul alb întâi să se topească,
Şi astrul, gerul tot să-l risipească !

Şi-a strâns corola dalbul ghiocel.
- Aşteaptă până-i fi mai măricel !
I-am spus eu, vântul, şi-am plecat pe-afară:
- De-abia-n trei zile fi-va primăvară!

Tu doar atunci arată-te la faţă !
Vesteşte abundenţa de verdeaţă,
Păstrându-ţi rostul tău de vestitor,
Răzbit prin al omătului covor.

- Îţi mulţumesc, plăpândă adiere!
mi-a spus. – Să te întorci ca mângâiere!
Pe toţi să ne cuprinzi din iarba deasă
Născuţii din zăpezi ce azi ni-s casă.

***

Lacrime ce dor a ploaie

Ciocârlia veghează
înaltul fierbinte al verii
şi-şi plânge cântul.
În depărtare,
neputincioasa zare
sparge lumina astrului,
rătăcindu-i trilul
printre tăceri de stele.
Zorii găsesc
macii arzând
sub lacrime
ce dor a ploaie.

***
Sonetul CVIII. (mai am să-ţi spun ceva) *
Lui W. Shakespeare

Mai am să-ţi spun ceva, aşa cum scrisa
De'nţelepciunea muzelor ne leagă
Menindu-ne să'nsămânţăm obleagă
Cu har de suflet peste veche clisa,
Negându-le duşmanilor tăi zisa
Ce maculează inima beteagă:
- Nu i-am crezut pe cei care te neagă
Aiurea sau pe maluri de Tamisa!
"Îmi tângui tânguirile trecute" [*]
Ţinut-am minte, încă de copil
Că demiurgul dăruie virtute
Şi-n Cireşar, şi celor din April,
Şi celor ce râvnesc la senectute,
Doar de'au clădit ceva, Mărite Will!

[*] *răspuns la sonetul 30 tradus de Cristina Tătaru*

***

Doar doină

Mai dă-mi din când în când de veste
să cred că totu-i ca-n trecut
când mori de vânt ţeseau poveste
cum alta nu era-n ţinut.
Era minunea despre raiul
tocmit sub poalele de deal
şi peste care curgea naiul
cu turme strânse sub caval
mânate lin către izvoare

de apa limpede şi rece
unde se-adapă şi mioare
şi ciurda când spre casă trece.
Dacă vreun noaten o ia razna
îl strâng dulăii sub jujeu
şi peste tot se-ntinde hazna
ce-o rânduise Dumnezeu.
Când seara scapătă-n tărie
se strâng ciobanii lângă foc
cu gândul dus la vreo fetie,
eu, numai eu nu am noroc
că-s rătăcit de suferinţa
de-a fi departe de la voi
mă mai alină doar dorinţa
s-aud în staul zvon de oi.
Iar de-oi sfârşi cum nu mi-e vrerea
măcar m-aduceţi înapoi
şi noaptea risipiţi tăcerea
cu ceteri, flaut sau oboi.
Şi-n zori când iar se scutură
ori ceţuri ori boboci de rouă
vă strângeţi lângă ciutură
şi rostuiţi poveste nouă.

***

Sfârşitul arnezei

Ţi-ar fi târziu să vezi cum lutul
dă zor demult să risipească
atoate ce I-ai dat, preamultul
lăsat să îl gospodărească?

Ţi-ar fi degrabă să pui cnutul
pe cel ce are libertatea
să risipească, orb, minutul
batjocorind eternitatea?

Ţi-ar fi prea mult să-Ţi pui sărutul
de rămas bun peste arnează,
pământului să-i fie scutul,
o nouă, proximă, geneză?

***
Dragobete
De unde vin ?

Motto:
"M-am scris pe-un colţ de vânt pentru Iubita"

de unde vin ?
dintr-o răscruce
de gust pelin
şi altul dulce
în zborul lin
o adiere
de rozmarin
ca mângâiere
m-a rupt din flori
să te îmbete
cu reci fiori
de Dragobete
ca să rămân
la ceas de seară
lângă-al tău sân
dulce fecioară
purtat de dor

de vrajă plin
din ierbi covor
de-acolo vin !

***

Caii morţii

Motto:
Şi-un călăreţ se-arată, ieşit dintr-un sicriu,
Doar oasele de dânsul- pe-un negru bidiviu,
O mână întinzându-mi, să urc cu el în şa ...
(Ronsard – Imn către demoni)

Fantoma cu coasa trimite,
Solie şi stavilă sorţii,
groparii în care cernite
cu caii năpraznici ai morţii.

Se zgâlţâie-n ele sicrie,
mai mici sau mai mari, toate negre,
cu colburi pe uliţi ne scrie,
hulpavele-i marşuri funebre.

Cerniţi sunt ca spumele nopţii
focoşii trăpaşi ai lui Charos
şi gâfâie gloabele morţii,
chemând osândiţii spre haos.

În frunte e Roibul de Rouă,
furat de la mândrul Conan;
duşmanii cu bale şi-i plouă,
scântei scăpărând spre rădvan.

La dreapta e Neagră Copită,
Pe stânga e Surul din Macha,
cu sânge îi pare urzită,
birjarului morţii cămaşa.

Amarnic plesneşte cu biciul
vechilul în gloabele morţii,
alungă spre iaduri supliciul
şi-şi numără-n hohote orţii.

Prin aer ecouri nechează
afund în iatac şi în casă,
doar spaima în urbe e trează,
stârnită de Doamna cu Coasă.

***

Copacul din tine

Demult scrijelit pe frontoane de templu
Cu mâini de pietrari tremurate de opium
Tăcerea-mi îngaimă un "nosce te ipsum"
Eu, orbul din tine, purced să contemplu

Acest rai lumesc ce chiar zeii'l adoră
Furând feciorii prin mizere tertipuri
Neoameni ori fauni, nevrednice chipuri
Destin şi preziceri de veacuri ignoră.

Ţi's sevele hrană, cu vrajă mă dărui
Flămândul din mine nu vede dar simte
Că-i parte din astăzi, atent ia aminte
La calea spre mâine şi teama mi-o nărui.

Sămânţă-s şi carceră sfântă mi-e oul
În care mă trec şi înnod rădăcină
Lăstar resurect sub eterna lumină
La timpu'i cu rod consfinţindu-se'n noul

Copac viguros, zămislitul din tine
Cândva scrijelit pe frontoane de templu
Azi simt, te iubesc, te conţin, te contemplu,
Ogor pământesc cu celeste cerine.

***

nebunul

când scot de prin boccele câte-o carte
amestecând simboluri şi cuvinte
zâmbiţi sardonic, nu luaţi aminte
la gândul meu venit de prea departe

gândiţi că fără noimă vă rostesc
deşi sunt adevăruri transcendente
ascunse în priviri incandescente
ca prag între real şi nelumesc

eu sunt nebunul din lumini solare
şi mesager al vocii fără sunet
ce va schimba prin glasul său de tunet
frivolitatea voastră în candoare

mă trec prin timp urmând al zilei faur
atras de absolut şi insondabil
nătâng priviţi la mine şi probabil
n-aţi înţeles tăcerea mea de aur

ALEXANDRU MAIER

Dacă iubind

Dacă iubind am duce-o bine
În cer s-ar umple de netoți
Și-n porți de rai am sta ciorchine
Ca să-ncăpem acolo toți.

Iubind nu-i drept ca să socoți
Cât pierzi și ce-ți revine.
Dacă iubind am duce-o bine
S-ar umple cerul cu netoți.

Iubesc! Dar cui durerea îi convine?
Ea-i doar o ardere pentru martiri sau sfinți
Ce-s răstigniți fără rușine,
Frumoși ciumați ai veșniciei hoți...
Iubind deloc n-o ducem bine
Și umplem raiul cu netoți.

Semne

O cioară zboară iar în cercuri
Iar eu nedumerit mă mir,
De ce tot zboară dânsa-n cercuri
Când sunt și alte forme-n cimitir?

Nevasta des îmi face semne,
Că pleacă,iar, definitiv
Și oare asta ce să-nsemne?
C-am fost și sunt un primitiv?

185

Negre pisici îmi ies în cale
Eu dau cu cârja-n urma lor,
E tot mai deasă ceaţa-n vale
Şi nu mai văd nimic color.

Inima-mi pulsează sincopat
Picioarele mă lasă-n drum
Curând de viaţă eu voi fi scăpat
Înseamnă că voi avea un somn mai bun.

Copii nu-mi mai spun tătic,
Ci doar: „babace dă-te-n colo"
Când eu abia mă mai ridic
Şi sunt definitiv, un solo.

Mă descompun în părticele,
Rotunde, grele, non-color,
Privesc în ţărnă, nu spre stele;
Privesc cum viermii fac amor.

O muscă-mi zboară oval sub nas,
Dar eu nici mâna n-o ridic;
Mai fac un ultim, mic popas...
Ah, iată-un înger alb...pe-un dric.

Dor de dincolo

Îţi mulţumesc că-mi doreşti fericirea
Dar te anunţ că la toamnă mă mut
Mă mut cu iubirea şi nostalgia
Ce pe pământ n-a încăput.
Sunt fericit că pe pământul arid
Am lăsat ce curat a fost şi-am iubit.
Dintre umbrele seci voi privi şi simţi

Cum adii, cum iubeşti, cum trăieşti;
Fericit c-am plecat şi-am luat
Ce pe pământ n-a încăput...
A rămas crinul curat
Ce m-a pansat, m-a legat...
Aprope salvat.

Este drept: n-am ştiut

Să mă bucur mai mult,
N-am putut nici să zâmbesc,
Nici să trăiesc,
Doar să tot mor câte puţin
Şi să revin...
Tot însetat.
Şi acum nici nu mai ştiu-
A fost iad, a fost rai,
Tot ce-n sânge-mi pulsai.
Voi povesti la sfînţi,
Sau stafii?
Ce frumos e acolo jos
Doar fiindcă pe deşertul pământ
Vibrezi când gingaş când sfânt,
Alchimizând şi urât şi gunoi
Ce vin în valuri spre noi...
Privesc şi acum pustiul din drum
Cimitirele reci, oamenii seci
Şi-mi doresc de luni să mă mut.

Mă lupt

Mă lupt să-mi scap lumina
Din trupul meu plăpând
Să pot privi-nspre soare cu ochii scânteind
Şi tremurând în carne s-o pot visa pe Crina.

În beznă tot zăcând
Eu caut să-mi scup vina
Apoi s-aprind lumina
În trupul meu plăpând.

Din suflet toată tina
Spre cer s-o-arunc urlând,
Iar cerul să mi-o-ntoarcă
Dureri alchimizând...
Mă lupt să-mi scap lumina
Din trupul meu plăpând.

Crezi oare
Crezi oare că din soare
Poţi rupe părţi de lut?
Sau din iubiri scânteia
Cu care s-a-nceput?

Crezi oare că din suflet
Îmi furi icoana ta?
Sau din zăpadă albul
Ce ochi-ţi colinda?

Crezi oare că pe lună
Se mai urcă în caleşti
Şi dragostea-mi încă antumă
E doar pentru podoabe şi poveşti?

Crezi oare că iubirea
O poţi sorbi din rai
Când tu trăind pe Terra
Iubire devasta-i?

Crezi oare că în mine
Nu doare că exişti
În depărtări de ani-lumină
De ochii mei cei trişti?

Crezi oare că adie
Zefirul când mă-nec
În ochii tăi albaştri
Ce viaţa mi-o petrec?
Crezi oare că în noapte
Iubirea.mi n-o veghez,
Să nu mi-o fure timpul
Şi grelele zăpezi?

De crezi sau nu acestea
Voi întruchipa scântei
Din visul de iubire
Ce sucombă-n ochii mei.

Pentru

Pentru zâmbetu-ţi celest
Am vândut lalele-n sat
De vedeau până şi orbii
Cât sunt de-amorezat!

Pentru buzele-ţi subţiri
Căţărate-n lut de înger

Şi acum abia respir
Şi-n străfunduri încă sânger.

Pentru mersul tău şarmant
Când pluteai parcă pe valuri
Mă-mbătam cu vin spumant
Şi vorbeam ,,solo'' pe dealuri.

Pentru ochii tăi albaştri
Am intrat ades în iad
Fericit eram cu dânşii
Când simţeam ce-adânc mă ard.

Pentru sânii tăi, ce mere!
Nu puteam nici să mai văd
Că există alţii-n lume
Care fac la fel; prăpăd.

Pentru rochia cu flori
Ce-o purta-i în pas uşor
Şi acum mă iau fiori
Şi tot cred că mor, că mor.

Suflet ce golitu-l-ai de vise
Pentru tine-n vers l-am pus
Ca să vadă orişicine
La ce chinuri m-ai supus.

MARIANA NELLY PĂSCĂLIN

Noapte de iarnă

Pe strunele-nserării un clopot prelung bate
Şi glasu-i de aramă în tremur lin se stinge,
Ca şoapta celor dragi plecaţi acum departe,
O lacimă ce arde în suflet se aprinde.

Cresc lujeri de-ntuneric din stropii de lumină
Şi noaptea vălul negru-şi întinde peste zare,
Mai latră un câine-n sat, colo, după colină,
Eu visător în noapte ard gânduri pe altare.

Ceru-şi deschide poarta, ies oştile de stele
Cu suliţi de argint ţintind nemărginirea,
Voi odihni cândva pe una dintre ele,
Acum pe colbul ei alunec cu privirea.

Mai rătăcesc o clipă pe marea înstelată,
Doi armăsari focoşi împing la Carul Mare,
Un murmur alb pe umbre s-aşază deodată,
Din lăstăriş de nori, luna sfios apare.

Şi-n şoaptă păşeşte pe dealuri cărunte,
Genunilor ţese albe punţi de lumină,
Grumazul din piatră şi-l pleacă un munte,
Când fruntea-i atinge a nopţii regină.

Cresc pomii în umbre ca şi prinţii în basme,
Poemul nescris al nopţii de iarnă se stinge,
Mă-nvăluie luna în vis bizar de fantasme,
Nimfe de mijloc se prind şi hora se-ncinge.

Alerg și mă pierd

Zorii n-au mai curs cenușii,
ci mi-au înflorit în geam
o dimineață aurie.

Printre falduri de lumină
alunec în trăsura toamnei,
Mânji sălbatici
mă poartă
prin singurătatea câmpului-
ce-și cerne trist arama,
prin tăcerea pădurilor-
despletite de frunze, de cânt...
Alerg
pe sub freamătul zării
cu glas de cocori
și
mă pierd
la răspântia timpului.
Aici
toamna are glasul mamei,
aburi de pâine caldă pătrund pe sub ușă,
gutuile-n fereastră zâmbesc galben.
O picătură de suflet
se desprinde din locul ei
și se prelinge,
fierbinte,
printre gene.

Afară, toamna trece
pe coame de cai rebeli...

Aripi de cocor

A venit toamna cu vânt şi ploi
pe durerea frunzelor,
pe stropul de parfum al ultimei roze,
pe aripile frânte ale fluturilor,
pe cântul pădurii,
pe...fruntea anilor mei.

Clopotul bisericii din deal bate prelung,
Un gând şi-o cruce smerită,
Un pios "Doamne-ajută"
şi-ncep să pictez o vară,
cu mult, mult verde
de unde
vor înflori zâmbete în ochi de copil;
cerul albastru, c-o ploaie de fluturi albi
să cadă pe visele rămase embrion,
să le poarte în zbor
până la Fântână Maicii Domnului
din care să s-adape.
Mie îmi desenez aripi de cocor,
să zbor
până la capătul
curcubeului.

Mi-ai rămas înflorită

E noapte, târziu,
și-n atâta tăcere
aud răsuflarea lunii în geam.
O steluță clipește din genele-i lungi
E ea, steaua mea,
cea care răsare
în fiecare seară în același loc.
Somnul meu e încă la colindat
și glasul sugrumat al amintirilor
ciocăne la ușa sufletului.
O, iarnă a copilăriei,
mi-ai rămas înflorită
în inimă!
Zăpada - o mare albă,
fremătând de vânt și ger,
izbind de maluri ecoul bucuriei,
copaci purtând flori de lumină,
spectacolul nopților cu lună...
O picătură de suflet
se prelinge printre gene
și-adorm
în leagănul copilăriei.

VASILE DAN MARCHIŞ

Singura copie

Pe perioada stagiului de înger
n-am învăţat nici măcar
procedeul de simulare a modestiei
(singura copie nelegalizată a
sentimentelor)
acceptată de Dumnezeu)
Luându-mi aripile,
Tatăl Ceresc m-a retrogradat la statutul de om...

Ninsoarea de ieri

Experiment fără strategie
ca zborul pufului de păpădie...
Fulgii căzând fără temei fără rând
par a fi manifeste
sau teste
plagiate ,promovate din orgoliu sau indulgenţă
dar trecuţi în insolvenţă
că-i doar o mascaradă
a anotimpului care a intrat în istorie
neavând acoperire pe zăpadă

Statornicie

Mai neobişnuită ca oricând
muza m-a abordat astfel :
"Azi plec în concediu unde n-am fost niciodată"
Am rămas uluit întrebându-mă:
"În ce loc de pe pământ n-a putut ajunge până astăzi

muza ?"
Ştiind parcă ce vreau să spun ,muza a continuat:
"Mă duc în satul tău natal-Asuaju de Sus,
unde ai crescut şi ţi-ai petrecut unele perioade din viaţă.
Doar am trecut o dată pe acolo şi chiar îmi place,
După cum ai spus şi tu că e frumos...!
Dacă în timp voi putea confirma acest lucru,
am să rămân acolo pentru totdeauna"
Am întrebat-o surprins:
"Unde sau la cine vei sta tu acolo?"
Muza m-a copleşit cu răspunsul:
"Păi,n-ai spus tu că ai o casă în satul acela...?"
"Bine,bine,am continuat eu,
dar casa este acolo,iar eu locuiesc aici...
Şi după ce am scris 5 volume de versuri datorită ţie,
acum mă laşi baltă !
În final muza mi-a răspuns :
"Ba din contră,dacă voi sta în casa ta,
fie aceasta ori und
şi indiferent de situaţie
vei avea întotdeauna la cine veni
şi pentru cine ieşi în lume...!"

Nu ajung cuvintele

Tăcerea absolută o deţin copacii...
Ei nu rostesc un murmur de durere
nici pentru ultima frunză ce cade...
De aceea gramatica
nu se poate împlini prin viu grai .
Nu ajung cuvintele
pentru a defini concret
durerea tăcută a lumii...

Furtuna

Vântul îşi manifestă prin valuri fantezia
şi nebunia
ca o răzbunare
pentru cei ce n-au eliberat ca punct de reper
cenuşa eroilor în mare.
Valurile înălţându-se mai presus de zenit:
Onorul mării în faţa litoralului însorit,
angrenează o hoardă de aluviuni
nu ca într-un marş obişnuit
ci într-un concurs haotic de încălecări:
Care pe câţi poate încăleca odată
sau care de câţi pot fi încălecaţi în acelaşi timp
Iată:
Fiare vechi ,fiare noi încălecând ,
Pietre de râu ,pietre preţioase lovind ,
Pământ sterp,pământ fertil acoperind ,
Învâluind în acest fel sanctuarele
şi altarele
nu să le binecuvinteze
ci să le retrogradeze
dând peste cap canoanele,complementele
şi rugăciunile,
amestecând ritualurile cu fanteziile,
datinile cu viciile
serenadele cu bocetele...
Rămânând curate doar
Sentimentele cercetătorilor
Faţă de clopote şi toacă...

Meditație extremă
variantă

Într-o vreme pe când îmi controlam cu pixul
poziția și fizionomia
adică
scriam convins că doar scrierea mea continuă
este virgula credibilă între mine
și lucrurile neînsuflețite,
muza mea mă aborda astfel:
"Zăbovești și nu te înfățișezi la Dumnezeu
pentru a da seamă cu faptele tale?"
Am motivat cum că
dacă Dumnezeu nu mă cheamă la el
în calitate de medic
sau avocat
ori cleric,
cu sau fără mine
în fața Tatălui Ceresc
poeziile mele au aceeași trecere...

DINICĂ CRISTIAN OVIDIU

Craiul Norilor

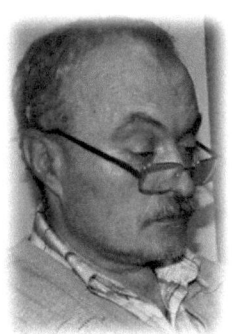

ca să pleci din lume
râcâi pământul cu unghiile
câţiva paşi mai spre dreapta
urci pe treapta cerului
de mână cu popa şi dascălul
pe la jumătatea scării
rupi din tăcerea pomenii
să-ţi ajungă cât pentru sărbătoare
să nu scapi balustrada ascunsă
printre nori
până sus sunt câteva vămi
servite cu slujbe şi cântece
bisericeşti
mergi şi tu unde zorile
se unesc cu bucuria cerului
gata să te primească îngerii
să te spele de păcate
pe calea luminii să îmbraci
straie de aer
să te vadă morţii tăi
cum stai drepţi între drepţi
nu mai umbli desculţ după pofte lumeşti

Comunism
sau
Ferestre înghețate

tatei i-au legat de perfuzii
nacela cu vise
zugrăvite în lumina purgatorului
interdicția de a ieși din etuvă
genera frica ce-l devora pe interior
în flagrant funcționa strada
flămândă de somn
cu capul plecat pe marmura rece
a sondelor ce extrăgeau
pulbere de stele din grâu
sub tibia perforată
circulau dorințele
pe care avea dreptul
să le calce în picioare
pipăind auzul cu zvonul
fericirilor abstracte

Iubire

în camera de hotel
am dezgropat din cearșafuri
sărutul
uitat la marginea lumii
în care tu erai dimineața din ținutul
primăverii
iubirea scăpată din frâu
rupea maluri de lavă
sub atingerea luminii
te înconjuram cu flota albastră
a păsărilor

ce-ți purta inima
într-un compendiu despre
iubirea aproapelui
ediție revăzută și adăugită
cu propriile brațe acoperite
de aripile unui soare mut
de uimire

Pătlăgelele

la țară doar pătlăgelele puse
de primăvara aveau gust
le punea tata în cuiburi chibzuite
după respirația sa dreaptă
între țărușii tocmiți cu sufletul
la marginea satului
să le care ușor apă
din valea proaspătă
pe care o parcurgea legănat de vise
cu gând roditor
până ce ele deveneau cât un bănuț
ori ca niște bulgări de soare
prinși în plasa de raze
cu ele stătea tata de vorbă
despre moarte nu avea timp
doar privea cu încredere
abia dacă avea timp să fie iubit

Liniştea tulburată a nopţii

pe şantier cimentul
hrănea plămânii tărcaţi ai stelelor
ploile curăţau nările
paznicii îşi făceau veacul rumegând
buletinul de ştiri fără morţi
cu naşteri spectaculoase de oraşe
pe malul abrupt al realităţii
eram cu toţii fericiţi
cu jumătatea de pâine
şi visele ce prindeau gustul cărnii
iar picioarele ademeneau arderile
cu inhalaţii de Rexona
solemn afişate pe trup
în lipsa apei ce tulbura liniştea
nopţii în care ne scufundam
zi de zi
sub soare ne îngrijeam
de ploaie să ne spălăm păcatele
stindard al morţii premature

MARIA-ILEANA TĂNASE

Drumul spre lumină

Deseori, slobozesc amintirile,
dar din ce în ce mai rar,
găsesc putere şi le îndemn
să treacă puntea cuvintelor...
Neputinţa paşilor le-a tăbăcit,
au amorţit sub stânca gândurilor,
împrejmuită cu o mie de vieţi
şi ferecate de lacătul veşniciei.
Le simt suspinul... iar la teama
că tăcerea le va-ngropa,
fără a găsi răspunsurile vieţii,
mă cuprinde tremurul, tristeţea
şi le las să plece-n libertate,
să caute drumul spre lumină...
căci între pagini de carte,
cel mult vor îngălbeni
sau carii timpului le vor broda.
Moartea nu ştie să citească!

Poem de iubire

Am deszăpezit gândurile prinse-ntre troiene,
în suflet pâlpâie lumânarea ce picură amintiri,
altă iarnă îşi cerne fulgii peste umeri şi gene,
dar parcă a fost ieri când mă topeai în priviri.

Ţi-am simţit zvâcnirea aripilor în preajma-mi,
adierea ce mi-a răvăşit păru-n prag de iarnă,
mult mai târziu, am înţeles rostu-ţi din lacrimi,
dar mi le-ai dăruit ca perle, în ultima toamnă.

Încă, te doare zbuciumul şi frământare mea,
destinul ne-a ales părţi ale aceleaşi scântei,
dar te voi cauta prin cărţi, să-ţi simt adierea
şi parfumul de sub teiul cu flori, ca ochii mei.

Cărţile din bibliotecă le voi pune-n câţiva saci,
sunt prea mari, grele... să le şterg praful gros,
voi păstra şi citi doar, Odă de Eminescu, căci
„nu credeam să-nvăţ a muri vreodată", serios.

Miezul de lumină

Noiembrie a răscolit multe doruri,
dar unul străvechi s-a opintit,
mi-a urnit gândurile ca să pornesc
pe drumul pavat cu pietre-lumină,
să caut locul păzit de îngerii înveşmântaţi
cu mantie de stele şi aură de Luceafăr.
Am încălţat ghetele timpului şi însoţită
de harta memoriei, paşii au răzbit drumul
ce deseori, l-am străbătut pe file de carte
fară să-mi imaginez vreodată, că destinu-mi
va deschide şi poarta creaţiei.
Port cu mine umbra cuvintelor recitate
şi nu ştiu de ce, dar nu mai simt golul,
paşii au sudat fractura timpului,
ţipătul lăuntric a aprins candela emoţiei,
dorul străvechi a prins contur... sunt, sunt
atat de aproape, ochii pipăie visul ancestral,
vidul sublimă sub plusul de trăire spirituală.
Am simţit că doar, scormonind rădăcinile,
căutând miezul de lumină,
locul păzit de îngerii înveşmântaţi

cu mantie de stele şi aură de Luceafăr,
umbrele scrijelite ca semn de întrebare
se vor destrama în drumul spre nefiinţă, iar
sufletul se va încorona cu liniştea veşniciei.

Flori de gheaţă

Nu te-am pierdut nicicum, prin gânduri,
chiar de umbrele din ochi au îngheţat,
ca paşii răniţi de viscolul depărtării...
curând, la fereastra încastrată-n zare
pe geamurile mătuite de aburul tăcerii,
iarna-şi va deschide, din nou, florărie.
Fulgii îmi vor mirui fruntea îngândurată,
pe care face slalom tăcerea argintie,
iar ochii, două lămpi aladine implantate
în turnul timpului, au rămas statornici
să vegheze răscrucea amintirilor, unde
altă iarnă sculptează flori de gheaţă.
Pe palmele reci ale sincerităţii inocente,
îmi sprijin fruntea invocând gândurile
însingurate să se rostogolească
ca să dospească bulgări de speranţă.
Ninsorile au troienit cărarea din cuvânt,
dar prin gândul hoinar, încă deszăpezim
povestea... mai rătăcim pe pârtia visului
şi cu tăceri nerotunjite ne bulgărim!

Visul alb

Norii-s pufoşi iar fulgii se cern în neştire,
decorul hibernal îmbracă a mea privire;
dar fulgii ating buzele demult, sălbăticite
şi îi preschimbă-n boabe de rouă aurite.

Colind printr-o iarnă păstrată-ntr-o ramă
şi-n muzeul din suflet are chiar dioramă,
visu-i congelat, iar nămeţii l-au acoperit,
parcă-i Hibernatus şi se vrea descoperit.

Într-o iarnă flămândă ţi-am fost visul alb,
făr' să ştii, cât o să doară visarea-n dalb,
herghelii din cuvinte au tras sania-gând
şi timpul scrib le-a aşezat rând sub rând.

Sunt visul alb troienit la tâmplele cărunte,
iar dorul ascuns într-un azil de sentimente,
deseori îl vizitezi, chiar rămâi încremenit,
căci focul arde-n gând, clandestin, mocnit.

Incantaţie

Gândul mi-a rămas rotund, colorat,
doar malurile vieţii-s colţuroase,
mătasea vârstei încă, foşneşte suav,
atinge sufletul... trezeşte muzele
înălţând emoţiile până la stele,
chiar dacă strălucirea vine din interior.
A-ncărunţit demult, sprânceana verii,
dar anotimpul se revoltă-n privire,
tălpile viselor rănite,-s înfăşurate cu feşe
din curcubeie, răsărite pe cerul sufletului,

făr' a şti vreodată, dacă cuvintelor vor urzi
paşii troieniţi în zăpezile depărtării.
Speranţa colorează miezul tăcerilor,
braţele minţii-ncolăcesc umerii amintirii,
mătasea unduieşte-n valuri de lumină,
până ce gândul rotund rostuieşte cuvânt,
strigăt de credinţă... incantaţie invocând
,,pasul absent" rătăcit într-un anotimp.

Cântă-mi toamnă

Cântă-mi, toamnă, dorurile din frunză,
plimbă-ţi arcuşul pe coardele ruginite,
scrâşnetul oţelit adânc să le pătrunză,
cântă-mi să tresalte nervurile-ostenite.

Cântă-mi, doamnă, pe note de toamnă,
dorul atâtor anotimpuri, făr' de culoare,
dar speranţa verde, încă, mă-ndeamnă,
răbdarea să mi-o prind în păr, ca floare.

Cântă-mi, toamnă, eşti anotimpu-muză,
ai desfrunzit târziu, prin poemele mele,
plimbă-ţi arcuşul uşor, pe fiecare frunză
şi chiar de suspin, dorinţele sunt rebele.

Cântă-mi, doamnă, pe coarde de soare,
simfonia să împresoare anotimpul vieţii,
cântă-mi tot ce-am iubit, rătăcit şi doare,
cântă-mi, desăvârsito,... toţi anii tinereţii!

Frunză poezie

Simt pleoapele grele ca şi-un plumb,
din nou, o toamnă cu lacrimă-frunză,
anii se numără invers... fără dobânzi
şi sper pe şevaletul vieţii, altă pânză.

Cobor scara din suflet şi fac inventar,
treptele scârţie sub povara soldurilor,
unele-s demult, arhivate-ntr-un sertar
fără să le preschimb la bursa de vise.

Sub pleoapele-plumb privirea-i plisată,
dar gândul mi-e forţă, soldat protector
şi colind toamna-n veşminte de muză,
căci în viaţă nimic nu este întâmplător.

Pe scara din suflet treptele sunt note,
simfonia se-ncheagă când vântul adie
şi chiar dacă miresmele-s uşor, pălite,
frunza din anotimpul vieţii, mi-e poezie.

MARIA DRĂGAN

Cocon de lună

O dorinţă am, cunună
Şi-am să urc la tine, lună
Să fur pacea ta eternă
Şi să dorm cu ea sub pernă
Cocon de bumbac înflorit
Mă legeni la nesfârşit
Crai Nou, leagăn de vânt
Între soare şi pământ
Lună albă, dalbă ie
Cu miros de iasomie
Pune nimb de ceaţă fină
Ce misterului se-nchină
Pur, argintul tău curat
Face cruce pe uscat
Cruce 'naltă, iubitoare
Cruce tare păzitoare
Plutitoare pe oceane
Şi zidită-n gând de Ane
M-adâncesc într-o fântână
Să te prind în braţe, zână
Oglindă pe cer să spună
Câte-n stele şi în lună.

Privesc cu ochi de albăstrele

În vacanţă privesc lumea
cu ochi de pământ –
mii de albăstrele ivite pe câmp.
Iată un băiat înalt şi o fată
ţinându-se de mână

văd o sferă roz de iubire curată.
Un şir de plopi
au în cer rădăcini de smarald:
„cum e sus e şi jos
cum e jos e şi sus"
par a fi trepte de verde, dar nu-s.
Pe stradă, doi oameni se ceartă
bărbatul mânios
îi trage o palmă femeii
văd negru, negru, gri fum.
Trece un tren, fluieră depărtări
în el, multe suflete izolate
gândurile lor ca sârma;
se ridică în nori şi vin cu ploaia
peste alţi muritori.
Ah, valurile mării, dansez cu marea
dansăm ca nebunii
un-doi-trei, un-doi-trei,
e liedul bleu-magnetic al lunii.
Vioara unui cerşetor sună a jale
lumea trece grăbită, nepăsătoare
inima lui, un lotus cu multe petale.

Dar cine-mi spune, cine-mi...
ce-i cu ploaia asta de lumină
pe care n-o vede nimeni?

Ierusalim

Primii paşi prin Ierusalim
sunt lumină. Lumină de nart şi jasmin
asfinţitu-i lumină lină
peste măslinii sfinţi şi grădină.
Lumina e altfel la Ierusalim

ea curge prin amoniţi aurii
în spirale de timp.Şi e aer de smirnă
Şi mai este
timpul suspendat în care,
admirând florile de bughenvileá
prin faţa mea, înalt cât cerurile
cu părul de culoarea nucilor coapte
Preadulcele Iisus trecea.

Irişi sălbatici

Glasul Tău, Doamne
E-al lunii lung drum
Spre versurile pe care
Inima mea lipită de tine
Le scrie acum?

Sau e al vântului fior
Ce-nvăluie oameni
Şi sălcii şi flori
Roind aromele tandru
Prin lumi?

În orele rugăciunii -
Lumini din lumine
Glasul Tău, Doamne, vine
Prin tuneluri mov
De glicine?

Şi iată,mi-ai răspuns...
În iubire
Şi cu bucuria uimirii
Nebănuite,
Trăit-am clipa de graţie

Când glasul Tău, Doamne
În ochii minţii mele trezite
Grădină de irişi
Şi-a făurit Luişi.

Zamora

Ţi-aduci aminte iarba de anul trecut?
Curată
Ca lacrima cerului mare
Albastră-n rădăcinile-i de cicoare.

Tăcută
Precum taina uşoară
În păpădii risipită

Amforă de vânt
Neliniştită
Era iarba de anul trecut
Când urşii-au ieşit din păduri
Pe Zamora
Şi sufletul ceţii rotunde
Întregitu-i-a hora.

Pradă de catifea albastră

Viaţă, năvod de cer şi pământ
Grea mi-a fost venirea pe lume.
M-ai prins azurului spaţiu din gând
În el vulnerabil cuvântul să sune

Şi am văzut perfecte, albastrele statui
Ce somnul tinereţii mi-au furat

Cât am iubit, urât şi spart – dintâi
Oglinzile cu trup urât şi chip curat!

Cu-un fir târziu de ochii lui m-a prins
Ca într-o nesfârşită aubadă
Fior de-albastră catifea, nestins,
În jurul meu, plăcut pierdută pradă.

Iar de-mi sunt nopţile mătase aspră, grea
Roiul pleiadelor în mine aducându-l
Ascunsele safire vin taina să o ia
Şi să o semene, născând din nou cuvântul.

Copilărie

Copilărie, fir de nalbă
Te-au vremuit toamnele pline
Aceleaşi flori îmi cresc pe suflet
Aceiaşi ochi oglinda ţine...

Privesc la jocul de copii
Ascunşi de lume, ascunşi bine
În univers
De-nalte flori, nalbe regine.
Şi flori mai mici, „cosmos" numite
Albe,grena şi roz cu opt petale
Ce din seminţele stelare infinite
Pe lângă zidurile casei tale
Par venite.
O, Doamne, câtă bucurie-n inocenta
Joacă!

Şi câtă pace aprinsă-n candele magenta
Pe verzi tulpini urcându-mi în fereastră...

Acum toate s-au dus.
Grădina nu mai este
Flori mai am doar în glastră
Jocul primeşte-o altă soartă
Şi-acelaşi fir de floare-naltă
Mi-nchide-ncet poartă cu poartă.
O, fir de nalbă,
O, rose trémière
Parcă-a fost ieri
Parcă-a fost ieri,ieri,ier...

IULIA PAȚIU

***

doza de poezie?
poezia mea nu se joacă
nici cu mintea nici cu inima
nu e ruletă
e frumusețea care mă doare
dragă cititorule
e o vibrație pe care nu o receptează orișicine
însă printre rânduri
orișicine orișicare
poate bea din amintirea pe care nu am ars-o la soare
întunericul credincios ori lumina crudă din păsări
care vin prin sânge
din moștenirea mea de stele
să fie cunoscute
dragă cititorule
poezia mea - iubire vindecătoare
e un miting

***

nu-și amintea trupul meu dintâi
în trup nu era decât tăcere
manuscrisul unui mormânt
trecea prin mine ca soarele prin fereste
cădea spre cerul gol
cu mâinile așezate frunze
în pom

***

cum să ajung să te iubesc
când universul dispare mă reflectez doar eu

să pun atunci ancora enigmei
spiritul se poate aprinde
şi unde ajunge sufletul
trupul nu ajunge

***

umbra murise
dar umbra ei a rămas lângă cafeaua aburindă
şi-mi citea de suflet
ce scria soarele de inimă
din gura deschisă

***

e aproape primăvară
ar putea tăia albul în două
în patru în nouă
şi
toată zăpada ar încăpea în urmele mele
pe drumurile desprinse din tălpi
să-mi acopere
cu ghiocei
rana

***

nu mă dau în vânt
după vorbe în vânt
şi
nu împrumut ţigări
da' pozez cu conştiinciozitate mini midi maxi
şi las nopţile să treacă prin inimă
pe coloana vertebrală a pământului
când eşti una cu pământul
şi provoci sinele
să mă vrea înapoi

MARIANA CORNEA

lupilor înlăturați-vă
apa noroiul și praful

amestecați-l cu sânge drept mortar
pentru iubire
pentru moarte
să vă fie om și închisoare
prima zi
primul salt
prima imitație
pentru piciorul stâng sau drept
doar marea întârziere are un venin mortal
singura punte cele patru coloane
și înălțarea pietrei
cea mai adâncă scufundare în mare
lupilor
să vă fie adâncime și coborâre
călătoria prin icoane de sticlă
pasaje cu abur pe sub burțile cailor
nu pot traversa luna
și frica de pisici
nu poate fi împăturită mai mult de șapte ori
clipire doar cu un ochi pe rând
mai repede decât inima unui colibri
lupilor
aliniați-vă cu polii pământului
pentru iubire
pentru moarte
să vă fic om și închisoare
grea Golgotă vă e trezirea
și stingerea lemnului alb
ce se duce

ce vine
pe urmele vii
înserare din alte vremuri
lovind dureros zorii

lăcrimez

fără să ridic ochii
dintotdeauna fac aşa
fără să văd nimic
construisem ziduri şi tranşee
începeau mai întâi
zile ani milioane dovezi ale cărnii
tăiată de lama unui cuţit
cât lungimea unui braţ
termina viitorul meu cămin
înflorise complet
în timp ce dormea
o moarte ce nu s-a mai trezit
reda libertatea
pământul
să înceapă parada să mărşăluim
până la întoarcerea acesteia
să facem demersuri răsunând pe trotuare
oftând lung să ne îndoim inimile
discutând despre speranţe
cu o cupă de vin în mână
nu mai am veşti
de multe luni
fără să ridic ochii
cea mai bună opţiune
mă cuprinde o asemenea stare

unde înainte de a cânta
te înalți
nu stiu cât am lăcrimat așteptând
nu știu cât de târziu este
doar nevoia atât de scurtă
învelește oasele
pe fruntea mea o pasăre neagră doarme profund
mulțumită

Falsh

nici acum nici atunci
când mă nășteam de probă
nici măcar înverșunarea luminii flacără și contradicție
nu-mi salva pielea pământ înghesuit
țipa până la os
cine va sălta sfârșiturile lumii
din pat în pat imnuri și durere
mirosind a lup îngălbenesc mansardă
și învierea se zidește în inimă

Flash 1

dacă ți-aș spune că toate lucrurile
se consumă ca două răsuflări
sfâșietoare invenție între sânii nopții
se urcă apăsat înțelegere sau renunțare
acolo unde nici calul nici biciul nu mă privesc
întoarsă pe dos pe umăru-mi drept
mă împart din pomana unui zeu
pe care scrie dragoste
trec și se țin îngerii

lutul e un lucru ciudat

nu există mai mult decât pretinzi
şi duhoarea giulgiului
cât verdele
ce sub ape dumnezeiesc
stă
acela e lutul
suflat de pe buzele Lui
ca o pisică moartă
îngropată în spatele cimitirului
înghite câte o piatră
sub biciul zarului fluieră anotimpuri
răsturnate şi melancolii
lungesc amintirea şi botezul
simte negru simte alb
o singură clipă om
fii optimist să creşti propria-ţi fiinţă
ce dintr-o dată te-a lovit
nu mai era atât de mică
ai în minte imaginea ei
an după an
o iubeşti mereu altfel
şi totuşi e lut
un lucru ciudat
chiar dacă nu ai nici un semn
doar aversiuni nespuse
un timp din acele vremuri
poate să ardă
să prăbuşească
să surprindă
pocnind
undeva în memorie

un titlu cât o suflare uită curgerea cuvintelor
unde amurgul ştie să îndure o alergare
din moto-ul apei şi pâinii
un gând cu scântei în privire
rămâne
şi moare primul
obsedant se deschide se închide
cu majuscule
din când în când
aripi albe aripi negre

căderea

e cuvântul unui bolnav
închis în mâinile unui lemnar
cu mult mai feroce decât îngrijorarea
prin beznele unui filament lung şi subţire
un înger se miră de ce în genunchi
pare atât de solemn
şi golit de sânge se desface în ninsoare blândă
unde veşnicia latră
câinii înalţă un imn şi un psalm
celor cu plânsul meu
căci eram apropierea unui bolnav
răzvrătire aprinsă
ochii învineţiţi de prea mult privit orizontul
cântă şi se-adună acolo

sărutul nu mi l-ai dat

însă lumina mi-a uns picioarele
căci mult am iubit
ar fi fost mai potrivit
să-mi cadă din mâini povara aceea
nevoia de brațe
stă în toamna asta
înțelesul așezării se scrie greu
ai văzut și tu prin goluri de aer
deasupra între două bătăi dinspre sânul stâng
țâșneau sângele și vinul
apele s-ar fi întors în cer trist
te sprijineai de unde vine lumina aripi
ar fi unit prezentul cu veșnicia
în mod sigur nu ne-am lăsat prea mult dezgoliți și
ne regăsim prin destinele noastre schimbate
punerea în genunchi mi-a luat chipul
părând că pricepi
păstrează-mă doar pentru tine
numai cu timpul ne vom scutura degetele de zăpadă

IOAN-DANIEL BĂLAN

Ardealul-bijuteria României

Cetatea aceasta dintre munţi
Ne spune poveşti cu izvoare
Oricine ai fi să poţi să asculţi
Istoria sacră din depărtare

Ardealul aici e o cetate
Cu râuri şi dealuri cu munţi şi poveşti
Cu schimburi de ochi până departe
Cu şoapte şi raze— atent de priveşti

Pe râuri de ochi aleargă maşini
Şi totul aici e un picur de rouă
De chipuri senine oamenii-s plini
Când soarele arde— când ninge ori plouă

Văzut de Bălcescu Ardealul e-un zid
De munţi şi miresme de şoapte şi dor
O uşă pe care cei de aici o deschid
Cetate şi perlă pentru popor

Clujul aici e-un zbor înspre stele
Un salt peste piscuri— un glas în izvor
Braşovul aduce unghiul de perle
Şi Sighişoara surâde gingaşă-n zbor

Taine şi munţi ziduri palate
Îşi deapănă firul aici în Ardeal
Şi case si râuri iubirii i-s date
Să zburde în voie ca apa la mal

223

România aici urcă pe stânci
Şi bate poteci cu ochii spre soare
Luându-şi pe palme sensuri adânci
Mişcată uşor de foc şi savoare

Ardealul i-un zâmbet spre cer
Istorie scrisă pe frunze şi ochi
Cu oameni şi fapte ce umblă şi pier
Cum viaţa e dată pe stânci şi în gropi

Sunt lunci şi miresme— dealuri cărări
Cascade cu paşi voioşi în cădere
Şi râuri senine se varsă-n cântări
Pe palme de aer clădind giuvaiere

Seninul şi norii aici se-ntâlnesc
Pe vârfuri de munte pe dealuri pe ape
Pe muchia umbrei ideile cresc
Şi mai ca oriunde ceru-i aproape

Nu-i joc de cuvinte ci este real
Pasul ce umblă descuţ în tăcere
Aici este omul— omul real
O vino şi tu— azi la vedere

Picuri de vânt ardelean

m-am născut
pe streașina Ardealului
sub aripa ploii
când vântul ne mângâie obrajii cu degetele apei

e
totul mai altfel aici
mireasma și umbra
mersul și privirea
floarea și stânca

aici
în Ardeal
plouă cu
silabe-n cuvinte
și pași-ți devin un surâs în
zorii zilei
când umbletu-n rouă ți-l scalzi
în muguri de zâmbet al zilei senine pe
brațe ce-ți ia
și mersul
și zborul
cu ochii și fruntea chiar dincolo de norii ce dorul ți-l
poartă
muindu-ți
fântâna din suflet
cu apa ce-ți curge-n obraji în floarea surâsului
cusut pe aripa ploii
în picuri de vânt
prin Ardeal

Marginea ploii

locuiesc
pe marginea ploii
într-un cub de priviri
cu pași peste ape
cu ochi și idei
în zbor și-n surâs
palmă
între mine și drum

picură
floarea și umbra
mersul și zborul

peste degetele tale
într-un unghi de priviri
însetat de
florile
ochilor tăi
zbor peste ape
și picuri rotunzi pe degetele timpului în umbra
dintre un strigăt și un cuvânt închis într-un cerc
de pași
din miezul Ogrădesei

aici
plouă cu zâmbetul tău îmbrăcat în picuri de rouă
dintre o secundă
și-o umbră de veghe-n tufiș cu oi și miresme

rămâi
pe degetul tău drept
rămâi la ce ai învățat
căci fericirea e doar Cuvântul cel veșnic
Hristos-iubirea

Un pom stătea lângă mine

un pom
stătea lângă mine
și mă
privea

prin ochii mei
ochii lui
fugeau
și-mi căutau amintirile
c-un pom lângă drum
ce mă
privea
rezâmându-și privirea
de
propria mea privire

și m-a țesut
în idei
și-n priviri
o floare frumoasă de pom
ce încă
mai sătătea lângă mine
și mă privea

Floare de omăt

cu omăt şi amintiri
paşii iarăşi îmi înscriu
printre rânduri în sclipiri
chiar sub ochiul iernii viu

vise flori şi iar omăt
îmi transpar pe sub sprâncene
să pun lucrurilor capăt
şi să-ncep o nouă vreme

floare albă de omăt
şi de paşi şi flori de vânt
sunt departe iată hăt
în albastru de cuvânt

însă vremea ne-a rămas
azi ca o fotografie
să facem încă un pas
pe pârtia albă vie

suntem flori şi vrem cununi
pe frunte să ni se pună
ca să fim mereu mai buni
în alb toţi să se supună

GAROFIȚA JIANU

Te iubesc

Strigă viscolul în suflet și îmi cerne foc în vene
Simt atâta pasiune ca o ploaie de suspine
Nu te-mpotrivi iubirii hai privește-mă în față
Numai tu poți să oprești iarna care mă îngheață

Te iubesc, o dulce șoaptă ce îți caută privirea
Se strecoară printre lacrimi își așteaptă împlinirea
Nu te încrunta iubire, nu chema din nou furtuna
Uite-mi inima cum bate, cum se bucură nebuna

Nu mă dezbraca de suflet, nu mă alunga-n pustiu
Îți șoptesc doar adevărul: TE IUBESC de când te știu!
Îmi doresc să-mi fii aproape iar prieten iar iubit
Brațul care mă cuprinde și mă poartă-n infinit!

Vino iar!

Prinsă în plasa din suflet, încă sper
Voi astepta să-mi schimbi nuanța stelelor, pe cer
Un tunet să lucească, vreau lumină
Am obosit, să fiu pedepsită, fără vină

Când noaptea-i nudă gândurile-s ude
Dezgolit de sentimente sufletul n-aude

Doar prinde-n palmă perle curgătoare
Rouă din suflet, lacrimi pure nemuritoare

Cer să răsar cu prima rază, iară
Din cenusa stinsă a viselor cu gust de seară
Doresc să-ți sorb dulceata din privire
Vino înapoi, de atâta timp îți cer iubire!

Te aștept

Nu mă pedepsi iubire lăsă-mi patima și focul
Dacă viata-i o ruletă vreau să îmi încerc norocul
Nu ascunde în tăcere ce-ți doresti că e păcat
Nu există compromisuri când iubești cu-adevarat

Am simțit în tine vraja, ai iubit cu drag femeia
Nu-mi cere să mă prefac ți-am văzut în ochi scânteia
Printre sărutări și patimi mi-ai șoptit ca-ți aparțin
Iar acum, în toiul nopții, am pe buze doar venin

Cum să uit iubirea noastră, încercare nu există
Am pe piele gura ta și parfumul ce-ți persistă
Sunt marcată de iubirea unui om cum altu nu-i
Am știut din prima clipă, că-s a lui și doar a lui

Știu că va sosi și clipa când o ușă vei deschide
Și cu dragoste-n privire toată patima-mi vei prinde
Să îmi strângi în brațe trupul, ars de timpul ce-a trecut
Să mă lepăd de tristețe și s-o luam de la-nceput

MIHAI COANDĂ-RÎPA

Am steaua mea

Răsună clopotul de-aramă,
Se-ntorc ai noştri din război.
-Haide, să mergem şi noi, mamă,
Se-ntoarce tata azi la noi.

Se îmbulzeşte lumea-n stradă,
Se-mbrăţişează, -aruncă flori,
Toţi se împing şi vor să vadă,
Venind acasă ai lor feciori.

-Dar tata unde este, mamă,
Pe mine, oare, mă mai ştie?
Frumos îţi şade azi năframa,
Abia aştept la noi să vie.

Se împlinesc opt ani la Paşte
Şi nu-l cunosc, eu eram mic
Atunci, când a plecat la oaste,
Acuma sunt flăcău voinic.

El este? Nu! Nici el? Când vine?
Mamă, nu mai am răbdare,
Îs mulţi, poate să fie-orişicine,
Dar nu îl văd şi rău mă doare.

Of, alaiul mamă se termină
Şi noaptea, uite-o, acum apare.
Tată, vino cât mai e lumină,
Doar ştii, noi n-avem felinare.

231

S-a lăsat noaptea peste sat,
La unii-n casă-i săbătoare,
Mama e tristă, eu supărat
-Mai vine-un om! E tata, oare?

-Nu este el, privește-n zare,
Tata e înger, dragul meu,
Uite acolo, steaua aia mare
El este, în stânga-i Dumnezeu.

-Tata e înger acolo-n ceruri?
Și mă iubeste? De ce nu vine?
-Este aici în mai multe feluri:
E vânt, vorbește acum cu tine.

Când vreau cu tata să vorbesc
Pe prispa ies, privesc în sus
Și, dacă tac, el știe ce gândesc,
La întrebări îmi dă mereu răspuns.

Și n-am simțit că îmi lipsește,
Știam că e o stea, acolo sus,
Mama spunea: Iată privește!
Și-i mulțumesc, a fost deajuns.

Acum, pe coala asta de hârtie
Las moștenire a mea poveste,
Pentru voi toți. Vreau să se știe,
Eu am o stea și steaua, tata este!

Te-am căutat

M-am trezit căutându-te,
dar nu ai fost în locul ştiut.
poate nici nu ai fost vreodată,
ci era doar nevoia mea
de a te şti acolo
când îmi deschideam inima
şi priveam în mine,
sau, poate, doar ai trecut
ca o adiere şi ai lăsat
urma parfumului tău,
atât de puţin, cât să te simt
şi să-mi fie mereu dor
şi ce dor îmi este!
Dor de ce? Dor de cine?
Dor până când?!
M-am trezit căutându-te
peste tot şi mai puţin
în golurile dintre noi
acolo, unde ai stat mereu,
privindu-mă cum alerg în căutarea
unui eu rătăcit.
Nu m-ai strigat,
n-ai făcut nimic ca să te zăresc,
ai lăsat doar o umbră de tine să mă acopere,
crezând că este suficient
să te iubesc.
Am zărit o urmă
pe aşternutul sufletului meu
care îmi spunea că ai făcut
popas în mine,
când?
Eram prea bolnav
de noi ca să te simt.

Nu cred că o iluzie obraznică
a vrut să facă o glumă
lăsându-şi paşii pe neumblarea mea.
M-am trezit căutându-ne,
poate mâine nu am să mă mai trezesc,
sau, poate, nu am să te mai caut, tu,
poate, te-ai îndrăgostit de o altă iluzie,
sau ai fost doar un cântec de sirenă
în marea zbuciumului meu
şi nu ai să fii niciodată tărmul
unde aş vrea să-mi dorm
toamna mea.
Cine să mai ştie ce suntem,
când nici noi nu ne ştim?!

Cuprinde-mă

cuprinde-mă
şi lasă-mă doar o staţie
de univers
să visez că-mi eşti.
promit că am să cobor
la prima,
atunci când
ai să te opreşti
ca să alimentezi următorul vis.
poate, îţi va fi mai bine
fără mine,
nu o să mai trebuiască
să porţi centura de siguranţă,
de teamă că sentimentele
or să-ţi dea pe dinafară,
chiar dacă eu,
am să rămân pe veci

captiv într-o
stație prin care
nu o să mai treacă un alt vis.
am să te aştept
ca şi când ai mai trece pe aici
şi am să mă prefac
că trăiesc în tot acest timp.

ninge

ninge,
mi s-a pătat sufletul de atâta alb,
pe obraji îmi schiază lacrimi mute,
fac slalom printre firele bărbii mele,
albă şi ea de la ultima
criză existențială
şi plânsul îmi este fără glas...
Doamne,
ce rădăcină adâncă are lacrima
şi ce urme lasă pe unde trece,
adevarate canioane de durere!
ochii îmi sunt doi luceferi
care luminează inimile
ultimilor îndrăgostiți,
ce caută adăpost în palmele mele,
un loc unde se pot iubi
fără teama de a fi huliți,
că pângăresc albul imaculat al tăcerii,
cu urmele palmelor lor
murdare de dorință feciorelnică.

ninge,
pe buze s-a aşternut
un strat gros de iubire

şi cea însărcinată cu dezăpezirea,
întârzie.
o să-mi îngheţe sărutul
de atâta asteptare
şi cine ştie când
am să mă topesc într-altul.
câteva vorbe se odihnesc tăcute,
sunt si ele obosite de atâta nins,
s-au transformat în steluţe argintii
ce ning uneori din zâmbetul meu,
doar uneori,
ca să nu plătesc impozit
pe fulgii de zâmbet.

ninge,
ninge cu iarnă peste paşii mei,
urmele rămân ca o rană
pe suflet,
amprentă a treceri mele
prin această poveste.Te
sunt un biet actor
într-un reality show
despre mine,
despre ninsoare, despre iubire.
ninge şi peste copacul
care mâine va fi coala mea de hârtie
unde am să-mi scriu tăcerile,
chiar şi pe clepsidra
unde am depozitat câteva secunde netrăite.
ninge pe la tâmple,
cu ghioceii timpului...
oare sunt un om de zăpadă?

EMILIA RANCZ

O rochie de mireasă!

S-a-întrebat de-atâtea ori,
Mireasă cum i-ar sta
Căci ea mireasă nu a fost
Și nici va apuca...
A fost nevastă de boier,
Mireasă nu a fost
Și totul n-a durat prea mult
El altă viață-a vrut!
Cum el s-a dus și numai e
Ea nu va știi vreodată
Cum ar fi fost de-ar fi avut
rochiță de mireasă?
cu vălul alb și c-un buchet,
ce-l are orice fată...
Și cununie s-a făcut
Cu masă cu de toate
Dar ea era ca un străin!
Pe nimeni n-a interesat
Că acelei fete îi lipsea
O rochie de mireasă!

Fulgii de nea

Fulgii de nea ce erau altădată!
Intr-o mare cascadă de cer,
Nu se văd, chair de-i zi minunată,
Și de cad din văzduh iată-i pier.

Nu ajung întregi pe pământ,
Dar noi stăm aici așteptând,

Perdea viscolită de vânt,
Ce dansează în iarnă valsând

Şi parcă erai în transă privind,
În spre cer cum cadeau jucăuş,
Peste tot se iveau cu ei aducând
Troiene, formând un derdeluş.

Seara mă surprinde!

Când vine seara mă surprinde,
Cu ochii-închişi şi nasu-n vânt
Adlumecând miros de brad,
Şi ascultând ceva colinde,
Ce stau ascunse într-un gând!
Şi văd copiii-înaintând...
Printre nămeţii unei uliţi,
Şi ninge, fulgii viscolind,
nu se-aude nici un câine.
Doar câte-o sanie alunecând,
Ce se îndepărtează iute
Fugind de ger, şi-nzăpeziri cumplite.
Aceste timpuri le-am trăit cândva
Părea un basm de nedescris,
Deşi picioarele îngheţate erau,
Şi mâinile, şi faţa, de nu puteai vorbi!

CARMEN-MIHAELA CHEȚU

Steaua cu coadă

M-a mângâiat
o stea cu coadă,
n-a vrut
să mă trezească
din firul ierbii
început,
nedespicat în patru,
de calul
cu secera-n coadă,
care mi-a sângerat mâinile,
să nu mai pot litere,
steaua
citindu-mi sufletul,
coada-i lăsând
urme de peniță,
în zborul ei
spre cer,
întruchipându-mă.

Inima fără inimă

Mă doare sticla ta,
dorindu-mi să plouă,
peste blestemul prafului,
ca să nu mai văd,
peste negrul ochiului,
prin care văd,
numai
ce-mi arăți tu.

Mă bate umbra ta,
în care-i bat
mai multe inimi
sub aceeași coastă,
dorindu-mi s-o exorcizeze
icoana pieptului meu înroșit.

Mă plouă gheața timpului,
cu clipa,
în care m-am născut,
din fiecare moarte,
la care m-ai condamnat,
din trăind,în mai trăind.

Mă cutremură negrul sângelui tău
și albul laptelui meu supt,
ce-au născut un surâs
de care:
tu n-ai avut vreme sa-l râzi,
nici irişi să-l vezi,
nici inimă să mi-l laşi.

....
mă doare,
mă bate,
mă plouă,
mă cutremură.

GABRIEL DINU

Contemporani

Alături dar nealăturat cu tine,
la lumina reflectoarelor,
în ovațiile celorlalți
și ținând o diplomă
de buna purtare în mână,
cineva își vinde sufletul.

De la un capăt la altul

De la un capăt la altul
al morții, câțiva pași
prin viață.
E ca la instrucție:
Culcat,salt înainte,
pe loc repaos.
De la un capăt la altul
al morții,câțiva pași,
câteva sute,câteva mii.

Și speranța celor rămași
că vei reveni,
cam cu aproximație,
a treia zi.

Între şamanism şi ploaie

Între şamanism şi ploaie
vine o umbră de om,
vine o urmă de zeu
şi te atinge imperceptibil
pe suflet.

Misterul

Misterul din clipa aceea
când ai uitat sa mă uiţi.
Faraonii umblau deghizaţi
în oameni simpli.
Oamenii simpli
se bucurau cu batistele
ţinute la ochi.
Zeii se rugau la oameni
sa facă minuni omeneşti.
Şi minunea a venit!

Ai uitat sa mă uiţi!

Evidenţa populaţiei

Locuieşti la aceeaşi
adresă cu moartea.
Uneori te salută veselă şi
îţi face semn complice
cu ochiul.
Apoi curând bate
clopotul la biserică

să te anunțe,
că Dumnezeu
a mai luat la el
un om bun.

La mulți ani!

La mijlocul lunii ianuarie
declaraseră anul deja pe sfârșite.
Se anunța sfârșitul unei lumi
și semne despre venirea alteia noi nu erau.
La geam nu colindau îngeri
cu steaua,sorcova sau buhaiul.

Cineva îți șoptea insistent
și abia perceptibil: La mulți ani!

Rugăciune

Doamne iartă-mă că
în nimicnicia mea,
le-am spus tuturor
pe nume.
I-am spus stăpânului,
stăpân, le-am spus
slugilor ordonanțe,
fariseilor, farisei!
Mai iartă-mă Doamne
ca nu am mâncat vara
înghețată când Ți-e cald
și n-am băut țuică
fiartă iarna când Ți-e frig.

În rest Doamne,
toate sunt la fel.
Cum le ştii.

Fericire

Ea începuse sa mă strige
pe numele meu mic,
o strigam si eu tot
pe numele mic: Fericire!
Era una din zilele acelea
când promitem sa fim mai buni,
mai...
ziua poeziei, ziua naţională,afemeii,
a bărbatului,Crăciun,Paşte,
ziua securistului de omenie,
zile uitate imediat
a doua zi.

Înainte de una din amneziile acestea
mă striga pe numele mic,
o strigam si eu: fe-ri-ci-re!

SIMION FELIX MARȚIAN

Sonet arid

Zăduful poartă foc la cingătoare
Din soarele topit labișian,
Și-n seceta cu ochi de piroman
Ne mor în jur și-n suflet căprioare.

De arșiță se-anină an de an
Trofee din infama vânătoare,
Și-n hohote ne râd în jur altare
Când Duhul nu-și revarsă ploaia-n lan.

Mă doare, Doamne, seceta din jur
Când victime pe-altarul ei se-așază
Sub norul cu neploaie, trist și sur,

Și-aș vrea să fiu eu umbra de amiază,
Deci, fă-mă, Doamne, un copac matur,
Și-n jurul meu să strâng... să strâng o oază!

Sonet de aprilie

Spre cald hohotește pământul prin miei
Și crângul își murmură dorul în triluri,
Când jadul poienii se-aprinde –n beriluri
Și mângâie ochii cu vii bănuței.

Cu soare-și scriu cucii veniți din exiluri
Prefața aceleiași vechi epopei,
Iar noaptea își pune-n cerdac brotăcei
Să-i cânte pe strune de-argint vodeviluri.

Respiră miresme prin fiece por
Creația-n care trezirea pulsează,
Făcându-mi şi mie un loc în decor.

Şi, plin de frumos şi de cald ca o oază,
Lumină mai cer: O, Mărit Creator,
Mă umple de Tine şi fă-mă... amiază!

Sonet de august

Clipesc uimite albele amiezi
Când timpul bate-n geamul dinspre soare
Cu berze pregătite de plecare,
Şi-şi picură carminul prin livezi.

La sânul verii parcă-i mai răcoare
Când zarea se umbreşte cu cirezi,
Şi-amurgul pune stele şi diezi
În tril albastru de privighetoare.

Dar drumul către coacere, gustar,
Este un timp al împlinirii-n sine,
Nu filă fâlfâind în calendar.

Şi, cu uimirea năvălind în mine,
Îmi pun dorința vie pe altar:
Mă împlineşte-n timpul Tău, Divine!

ANA ARDELEANU

Strigătul acesta nu este al meu

E distilerie prin care curge viaţa
Cu o tărie ca de alcool
În care se regăsesc pescăruşi exilaţi
frustrări
Roţi de cauciuc aruncate idei
sfărâmate patimi
Precum şi inimi
Lista cu efecte speciale şi afecte

Strigătul acesta nu este al meu
E firul ce înnoadă erorile
Realizând din acestea
Un laţ în care ai putea nimeri
După ce ai trecut prin faţa casei mele
Pe unde doar gândul poate trece
În maşină de epocă
Gata să-şi prindă şalul de mătase
La roată

Un misterios tipar

Mulţi ochi m-au urmărit
Mi-au dat codul pin adresa
Încât jaful lor sufletesc să nu fie declarat jaf
Ci o transfuzie de capital
La nivelul inimii
Unde plăţile fericirii sunt considerabile
Şi confidenţiale
Numai telefonul fix e public
Pentru a putea comunica uşor

Cu autoritățile intergalactice
Cu supermenii visurilor
Care ofensează cu iubirile platonice
Rațiunea se simte stingheră
Fără acțiuni din care să rezulte emoția omului
Logosul lui sufletesc
Rămas ca un misterios tipar
Pe firul de iarbă

Am purtat în mine o dragoste

Din care am aprins toate chibriturile
Şi-am luminat
Am fost eu sau alta
Nici nu mai contează
Căci acum e aproape nimic
În locul unde s-au întâlnit apele

Am purtat în mintea mea
Copilul cerului
Gaura făcută pentru a scoate capul
Era lațul pus de Dumnezeu
Pentru a mă prinde şi pe mine
Înlăuntrul placentei
Acolo să pot spune A
Acel A care începe toate lucrurile
Şi le dă mai departe
Cu scutece cu tot
Încât fătul să nu se piardă

Port în mine umbra de rubin
A unui om bătrân
Numai înțelepții se acoperă cu ea
Gândul de catifea nu poate protesta

Împotriva celor ce ar crede
Că în cuibul acesta de linişte
Nu se mai află nimic

De fapt sunt tot eu

Şi alături de mine
Eu cea văzută mai înţelept
Eu cea de-a doua zi
Din umbra căreia pământul bea apă
Adăpând floarea
Restul rădăcinii solicită mineralele
Negociază cu ele viaţa
Mâna întinsă către cer
Face legătura înnoadă versurile
Alcătuiesc poemul etern

De fapt tot eu sunt
Şi pe clapele pianului
Amprenta lui Dumnezeu
Ce interpretează Beethoven
La fereastra lunii

În faţa mea sunt tot eu
În caleasca vântului
Ce trece grăbită
Spre codrul adâncului
Unde indivizi abia perceptibili
Licitează şoapte
Cu buzele pline

De păsărele somnoroase
Ce fac şirul unei năprasnice melancolii
Până la tine

Însemnări din tura de noapte

Bărbaţii dansează în jurul amintirilor
Cum fluturii de noapte în jurul luminii
Pe muzica unei singure clipe
Atât cât să prindă momentul de fertilitate
Al visului lor

Ochiul de veghe nu va raporta niciun accident
Nu-şi va face prieteni de mâna a doua
Şi nu va sta la masă
Cu cel ce şi-a amanetat coasta sabia şi blazonul
Aşteaptă să cânte cocoşul
Pntru a vedea la cine sunt arginţii
Cine se leapădă de propria iubire
Senin ca o roză
Cine-i regizirul care semnează capodopera lumii

Multiplele feluri de a merge pe tocuri
Ţipătul frenetic al pescăruşilor
Îţi spun bună dimineaţa
Iar tu dai replica în şosete şi capot
Abia după câteva bătăi din aripi
Te şi rujezi
Îţi aşezi poşeta pe braţ
Cuvântul pe pagina albă
Care încearcă să vândă un poem
Interzis minorilor
Unui etaj întreg de iluzii

PETRE PRIOTEASA

Ție...

Din când în când
la mine-n gând
cobori plângând
sau vii râzând
să te alint,
să nu te mint,
să te încânt
c-un legământ
de drag și dor
șoptit ușor
ca un zefir
pe-al serii fir,
blând căutat
și repetat,
tandru rostit
în piept găsit,
calm rostuit,
cald păsuit,
de noi avut,
nicicum pierdut,
tot ce am eu
nu-i doar al meu,
ție ți-e dat,
suflet curat,
mă dărui tot
cât vreau, cât pot,
că-s fericit
când sunt iubit!

Zăbava vieții mele

Tu ești zăbava vieții mele
în care-nchizi singurătatea,
cu sluj și mii de temenele
slobozi din mine răutatea!

Trezești de fiecare dată
gânduri trăsnite și rebele,
ești cea mai insolită fată
când ești zăbava vieții mele!

Remarc figura-ți încruntată
când te-ntâlesc, uit toate cele,
mă placi, te prefaci bosumflată,
dar ești zăbava vieții mele!

Se mai întâmplă câteodată
să uit de lună și de stele,
te vreau așa…îngândurată
că ești zăbava vieții mele!

În clipele cele mai grele
să te urăsc, să plâng îmi vine,
că ești zăbava vieții mele
și te-aș pârî … dar n-am la cine!

Că-mi ești atât de singulară
încât îți compun poezele,
ispită dulce și amară,
tu ești zăbava vieții mele!

A înflorit magnolia-n grădină

A înflorit magnolia-n grădină
şi mă îmbată iar al ei miros,
trăiesc necontenit clipa divină
când amândoi, sub ea, priveam de jos.

Era mister în jurul ei şi-n şoaptă
ne murmuram tandreţi şi sărutări,
era răsplata pentru dulcea faptă
de-aţi oferi târzii îngândurări.

Privind în ochi îţi urmăream tăcerea
care strivea tot ce era ca-n vis,
parc-a fost ieri când am trăit plăcerea
de a afla cum este-n Paradis.

Se scurge viaţa precum apa lină
şi trist privesc la oamenii din drum,
a înflorit magnolia-n grădină,
dar singur mă îmbăt de-al ei parfum.

Nici nu mai vii să-ţi dăruiesc o floare,
să-ţi prind în păr gingaşe armonii,
uitat-ai de parfum şi de culoare,
hai, vino, eu te-aştept mereu să vii!

Salcâmul înflorit

Se-aşterne liniştea pe-ntregul sat,
de-acum izvorul doarme liniştit,
mi-e dorul călător înaripat,
tu, vino, că salcâmul a-nflorit!

Chemări prea multe nu mai aştepta,
că, parcă, şi fazanii-au obosit,
cu fluierat târziu te-or deştepta
şi vino la salcâmul înflorit!

Tu aminteşte-ţi, nu mai zăbovi,
ce sentimente-n mine ai trezit,
flori de salcâm, miros ne-o-nvălui,
dar vino la salcâmul înflorit!

Te-am căutat mereu, dar nicăieri
nu te-am aflat, nu ştiu unde-ai pierit,
te-am aşteptat, dar n-ai venit nici ieri,
mi se părea salcâmul veştejit.

Dac-ai plecat, trebuie să revii,
măcar să vezi salcâmul scuturat,
te-or apăsa regretele târzii,
dar la salcâm găsi-vei alt bărbat:

îmbătrânit, nici n-ai să-l recunoşti,
cu părul nins şi sufletu-mpietrit,
priveşte-n gol, cu gândul la doi foşti,
şi crede că salcâmul a-nflorit.

LILIANA BADEA-CÂRSTEA

Adun

Adun în fiecare clipă
Câte o zi.
Când sunt prea multe
Le arunc în spatele casei
Şi o iau din nou,
De la început.
În spatele casei mele
A crescut un munte alb...

Gânduri

Am înţeles unde pleacă fluturii
Noaptea.
Am înţeles de ce nu-i aud
Niciodată.
Nu ştiu dacă cei de peste zi
Sunt aceiaşi, sau vin alţii,
Dar ştiu că noaptea
Se transformă în raze de lună
Şi în stele strălucitoare
Şi cântă.

Peste zări

O stea clipeşte peste mare
Deasupra valurilor, albă.
Speranţă de departe-n zare
Peste-a cerurilor salbă.

255

Un strop de viaţă peste vremuri
Aduce-n depărtarea-naltă,
Clipeşte tainic şi apune
Neînţeleasă vreodată.

O altă viaţă-aici sortită,
O altă formă în culori
Nemaivăzute de noi, încă,
Tainic visată, uneori.

E-aşa departe şi aproape
E totuşi, iată, lângă noi.
Ne luminează visul noaptea
Şi-apune-n linişte, în zori,

Ca să apară în amurguri
Şi iar şi iar, noapte de noapte,
Ne spune veşnic o poveste
Pierdută-n vise şi în şoapte.

Şi valuri-valuri, generaţii
Se duc pe rând şi alţii vin,
Doar steaua singură, departe,
Priveşte peste noi, senin

Şi ne arată calea albă
Ce ne-o revarsă peste mări,
Mereu tăcută, mereu caldă,
Mereu de-acolo, dintre zări.

DANIELA CIURARIU

Mama

mama doarme
mâna ei de mătase doarme
patul doarme
numai ploaia îşi ascute colţii în
pervazul de oţel al spitalului
numărând
nimeni nu ştie până la ce cifră se pot număra
respiraţiile unei mame
îmi aşez capul sub ghilotina ferestrei sperând
că mi se va rostogoli odată cu
ultima picătură

Acest dulce poem

atunci când îmi vorbeşti
mă săruţi cu crinul îngerului Gabriel pe inimă

mă tem să nu rămân grea
de păcatul cuvintelor
şi să străbat drumurile prin zăpadă foilor
umilită
batjocorită
necunoscută
şi alungată din carte în carte

o cuminte Marie
ca mai apoi să îţi nasc
în vreo simplă iesle de metafore
acest dulce poem

257

Îl cheamă Adam

deschid larg tavanul
câteva stele năvălesc în casă
de pe una un extraterestru
îmi face semn
îl cheamă adam
mă fâstâcesc
iau cartea de telefon interstelară
două cafele năucitoare va rog -
eşti chiar aici
pe buze
umbra vanilata
a unei stele

Spinii

spinii nu sunt spini
ci doar sâmburii încă ne-nfloriţi
din gura de aur a florii soarelui
care soarbe nesăţioasă cerul
spinii sunt doar iubirea încă neînflorită
care pândeşte cu blândeţea lupului rănit
cu uimirea vânătorului răpus de urs
cu zbuciumul tăios al mării
care nu a aflat încă liniştea
spinii nu sunt spini,
sunt doar cele mai misterioase
flori nenascute
ale unei mari iubiri
de aceea i-am ţinut
cu grijă pe frunte

RADU CHIOREAN

Sărut nocturn

deschid fereastra dormitorului
pe genunchiul albastru al nopții
sclipesc globuri de stele
un copac le acoperă sub crengile
ieșite dintr-un vis cu o zână
în partea dreaptă mâna ta ridicată
cu o batistă fluturând
la încheietura dintre noi
mă cheamă ca o pasăre cu cinci degete

Pentru ea

îmi bag mâna de sânge în buzunar
să cotrobăi printre chibrituri
scot unul la înălțimea întunericului
îl aprind
sărutând vârful lumânării
al cărei trup de ceară
ești tu
topită
în oglinda
ce mă reflectă printre liniile
morții

Frică

de la un timp încoace eşti îmbrăcată într-o rochie neagră
nu mai dormi şi nu mai mănânci
nu-ţi găseşti locul nicicum
deşi eu încă nu am murit
îmi lipesc cioburilele de suflet pe unde pot
chiar şi pe sârma ghimpată a gândurilor
pe cojile uscate ale unei felii de pâine
mă tot mângâi pe acest zid
ce nu-mi lasă vreun spaţiu să mă mişc
ca un cerşetor în miniatură
şi cum aş putea zbura peste el
dacă sufletul mi s-a încleiat
în acest lut învechit
în acest lagăr mov cu ea rânjind
mi-e frică de frică
de acest mine pierdut
de acest eu inventat cu nume şi prenume
mi-e frică să nu încep să strig
fiindcă o să te grăbeşti să aprinzi lumânarea
şi-o să-ţi văd rana deschisă
din privirea ce îşi va lua rămas bun
deşi încă nu am murit
dar tu ştii mai bine
cum simt

NEAGU COSTEL

Eu mă botez în poezia ta!

Eu mă botez în poezia ta,
În fiecare strofă mă scufund,
Chiar timpul pare-a binecuvânta,
Cristelnița cu adevăr profund!

Răsună toaca-n versu-ți îngânând,
Chemări la-mpărtășiri de dumnezei!
În mine înflorește-un singur gând:
În poezie-ascunzi licori de zei!

Se miră sfinții de puterea ta,
De dorul tău în poezie prins,
Dumnezeirea însăși pare-a sta
Să-mpărtășească sufletu-ți aprins.

Vorbești despre iubire, dor și vis
Și clopote desfid eternități,
Chemând la-mpărtășire de abis,
În inimă sădești serenități!

Mă-mpărtășesc din armonia ta,
Cu fiecare rimă mă cuprinzi
Și mă botez în poezia ta
Cuvintele, cu tine, le aprinzi!

Oboseală dulce

Cad frunzele orbite de-nserare,
Le-mbrăţişează lutu-n înfrăţire,
Se-aştern iluzii pe pământul tare
Şi gândurile cată izbăvire!

Seminţele-ncriptează nemurirea
Şi peste moarte erele sfidează.
În vise hibernale intră firea,
Tăcute aurorele veghează!

Linişte-n jur, pluteşte o-ntristare,
Ca oboseala dulce, din iubire,
Nelinişte-i şi este aşteptare
De ghiocel, visând înc-o venire!

Fără leac

De o noapte tot beau, de pahare mi-e dor,
Stau cu capul pe doage uscate, să mor,
Vreau să beau şi să uit, îmi e sufletul greu
Şi nu-i loc de odihnă în haosul meu.

Îmi e dor de tăcere, de liniştea sa,
Sună-a doagă-n butoi, inima tot aşa ,
Sparg pahare s-alung dimprejur din necaz,
Bate inima rar, ca un tren la macaz.

Luna urlă-a pustiu, lupii urlă la ea
Eu la sufletul gol, ca şi cum aş putea
Într-o clipă, de tot, cu un urlet să-l fac,
Să-nţeleagă, durerii, că nu are leac.

Sufocare

ai plecat.
ai luat cu tine aerul
şi l-ai părăsit
într-un loc din care
nu îl mai pot respira.
jur-împrejur
fluturi sufocaţi.

Aducerile aminte

Stă sufletul în piatră încuibat,
În lemne, în pământ și în cuvinte!
Din tină azi privirei am ridicat,
Spre ceruri și aducerile-aminte!

Cu fiecare strofă ce-o-ncropesc,
Eu din neant reîntrupez cuvinte!
Eternitățile-mi reamintesc,
Că noi suntem aducerile-aminte!

Iar dacă am puterea să visez
Și viitoru-mi este viu în minte,
E fiindcă m-am născut să întrupez
Cu tine, toate aducerile-aminte!

ION SORESCU

Urme

În suflet simt fiorul unei palme
Ce freamătă cu grijă şi căldură
Molatecâ în carne simt arsură
De care şi sătul îmi este foame
Atingerea îmi pare-a fi din palma
Ce pe Adam îl întrupa din humă
Sau poate-i doar atingerea divină
Când sânul mi-l ducea la gură mama
Mă sfâşie mi-e dor mai vreau pe tâmple
Să-mi curgă mâini a binecuvântare
În carne golul urlă şi mă doare
Prin chipul mamei Dumnezeu îl umple.

Must de cuvinte

Am lăsat inima desculţă,
Printre ciorchini de cuvinte.
Să-i calce cu picioarele
Goale.
Până la os să-i zdrobească.
Doar coji să rămână,
Şi must.
Ce cu timpul de mână
Să umple paharul
Cu vin din cuvânt.
Mi-a plecat ínima desculţă,
Hoinară prin mine.
Cu must de poem pe picioarele
Goale.

Cu sevă de vers pritocit
Ce-i muşcă din talpă
Ca un şarpe de timp
Cu solzi aromind a cuvinte şi chin.
Mi-a fugit inima desculţă
Prin lunca din gând
Şi râzând
A murit în sămânţă.

În lut

În lut doar urmele adânc lăsate,
ca nişte semne-ale plecării tale
mi se păreau morminte toate, goale,
ce-adună amintiri abandonate
când ploaia le va înveli pe toate ,
şi lut şi urme vor rămâne-n mine,
un cimitir cu gropi de-acuma pline,
şi încă-odată-n mine îngropate
Ce more-n noi când simţi ceva că moare,
Iar golul sentimentelor te umple?
Durerea cuibărindu-se în tâmple
Şi nu-ţi mai pasă ce şi cât te doare.

Blestem

te-am găsit toamna prin lunci
pictai brumele desculţă
primăvara în sămânţă
iarna dănţuind prin fulgi
în catrinţă
dimineţile de vară
în maramele

LUCHY LUCIA

Doar iubirea!

Doar EL şi EA...
Nimic mai mult,
doar ei doi, îndeajuns
de fericiţi,
în propriile lor vise
înveliţi.
Buzele li se ating
moi, blânde, flămânde,
mâinile-s peste tot,
mângâind, dorind,
pierduţi în plăcere,
nu mai ştiu ce-nseamnă
tristeţe sau durere.
În jurămintele lor şoptite
îşi vor împărţi culorile
vieţii, pentru că
iubirea le acoperă toată
neîmplinirea, nefericirea.
Nimic nu mai contează,
doar ei, sunt singuri,
departe de lume,
în universul fermecat
al dragostei.

Dorurile

Azi, mi-ai rupt sufletul!
Am avut o grămada de vise,
între zâmbete şi lacrimi,
încercam să prind,

cu o plasă de fluturi,
dorurile tale,
să le ating,
să le simt,
să le păstrez
în inima mea,
ca-ntr-un sipet,
să nu le mai las
să zboare
la înălțimi pe care
nu le pot atinge.
Și tânjeam după
sărutul tău tandru,
cu gust de iubire,
și te doream,
îmi era dor de tine.
N-ar fi trebuit
să pleci departe,
tu la un capăt de lume,
eu la altul.
Tot căutând în lung
și-n lat, făr' de popas,
dorurile vor îmbătrâni
pe drumuri,
uitându-ne...

Doi oameni, două drumuri...

Un bărbat și o femeie...
două suflete pustii
în singurătatea nopții,
cea din urmă noapte a lor.
Drumurile li se despart...
fiecare pășește pe cel

pe care destinul i l-a ales,
neţinând cont de dorinţele
niciunuia.
Două drumuri...
unul, ca o lungă panglică
albă, ce păşeşte spre viitor,
celălalt... nu mai e drum,
ci o potecă îngustă,
ce se va opri la marginea
de genuni a unei pante
fără sfârşit.
Două suflete ce se despart
în pofida iubirii ce i-a unit,
sufletul le plânge,
dar nu mai este nimic de făcut,
pentru unul dintre ei
drumul spre zenit este pecetluit.
Destinul uneşte sau separă,
dar întotdeauna există o forţă
mai mare căreia trebuie
să i te supui.
Un bărbat şi o femeie,
două suflete ce speră...
că, poate, se vor întâlni
în eternitate.

Când...

Când eşti îndrăgostit
nu sunt necesare
cuvinte
ca-n inimă să-ţi sădească
speranţe şi să te laşi
îmbătat

de fiorul dragostei,
este suficient o îmbrățișare,
să simți
mâinile ce te tremură
și inima cum bate de tare,
de val
să te lași purtat,
din gând lacrima să-ți
șteargă
și să respiri iubire în furtuna
ce te ninge cu vise și
doruri multe!

Dorința...

M-am îngropat în singurătate
și încerc să umplu golul
ce l-ai lăsat,
strecurându-mă
în visele tale,
cu dorințe păcătoase...
să-ți simt trupul cald,
să-ți fur sărutări dulci,
să simt fiorii dragostei,
așa, ca la-nceput,
apoi să mă întorc în zorile mele,
pierdută în nostalgii,
singurătate, durere
și să pășesc încet în uitare,
până ce nisipurile timpului
îți vor șterge de tot amintirea,
iar dorința dispare!

Miracolul

Un fluid arzător
trecea de la unul la altul,
strâns îmbrățișați
își plimbau pașii
pe străzile încă ude de ploaie
lăsând în toate colțurile
ceva din tremurul sufletelor lor,
cuvintele erau de prisos,
iar tăcerile infinit de dulci,
gurile li se contopeau
flămânde de fiorul dragostei...
era ca o beție,
trăiau miracolul iubirii
ce le invadase inimile,
erau subjugați de efuziunea înflăcărată
a primei dragoste,
dragostea pură și luminoasă
precum un cristal strălucind în soare,
era ceva nou...
sufletul lor vibra în căutarea fericirii,
o fericire veșnic nouă,
înflăcărată și plină de neprevăzut,
trăită intens și fără trecut!

De toamnă

Printre copacii
aproape dezbrăcaţi
mai strălucesc, fascinant,
într-o cromatică odihnitoare,
culorile toamnei,
pretutindeni se simt
mirosuri înţepătoare
de anotimp
al morţii şi al renaşterii,
invizibile.
Şi plouă în şiroaie,
pătrunzând
în pământul flămând
de udătură,
spălând întreaga lume,
şi ea la fel de flămândă,
dornică de dragoste,
sătulă de ură,
iar copacii înalţi şi maiestuoşi
stau mărturie pentru
vigoarea naturii sălbatice
şi trufaşe,
de o frumuseţe mişcătoare,
ce te îmbie
la pace, dragoste şi armonie!

DRUȚĂ COSMIN

La poarta inimii

La poarta inimii ce doare
Să bați încet doar cu o floare,
Pătruns de oful greu și rece,
Ascultă tot ce se petrece.

La poarta inimii ce plânge
Să guști o lacrimă de sânge,
Și rana ei închide-ncetul,
- Eu te iubesc! spunea poetul.

La poarta inimii cea blândă
Să stai ascuns, să stai la pândă,
Învață să iubești cu-o fată
Ce te dorește viața toată.

Și inima să-i înflorească
Pe sub căldura ta trupească,
O mică lume se trezește
Ce-n aste versuri se citește.

Trandafiric

În juru-mi totul e somnatic,
M-așez în pernă singuratic
Și parcă simt a ta căldură
Și buza ta ce-mi dă o gură.

În visu-mi totul e feeric,
Te strâng în brațe-n întuneric,

În zori tu te golești prin casă,
Iar haine-ascunse-s pe terasă.

Iar trupul tău e trandafiric,
Te simt și te alerg idilic,
Sclipește soare-n depărtare,
Eu te iubesc, tu ești o floare.

Și parcă totul e floratic
Și zbor spre tine fluturatic,
O floare-n vis tu ești departe
Și doar de ochii tăi am parte.

Pupilă

Silaba ta mă mângâie prin mine
De parcă eu te-aș respira pe tine,
Iar pleoapa ta precum un vis clipește
Și ochiul meu pe-al tău îl nimerește.

Se naște o pădure de iubire
Ce înflorește pentru-a ta venire,
Mă bântuie dulceața gurii tale
Și trupul tău legat tot în petale.

Poiană e acum a ta pupilă,
Scâncește un răsunet de copilă
Și se topește inima din tine.
Ce dulce-i picătura ta ce vine!

MEDEEA ROȘCA

Poezia

mă pândește
cu un ochi liliachiu
ca o Veneție,
ca o gondolă plutitoare
mă pândește.

Eu stau plecată
spre ea, dintr-un
reflex de adorație,
și fără să știu
până la capăt,
totuși știu
că între noi

de dimineață
până seara,
rănite dar pline
de viață,
iubindu-ne pană
la revoltă,

nu este loc
de niciun refugiu,
de nicio Antarctică,
de niciun strigăt
neîmbrățișat.
Am zis,
Am,
A...

Între timpuri

eram parcă mai altfel cu un veac
şi nechezam solar a mânji sălbatici,
adulmecând miracolul ca leac,
într-o iubire pentru singuratici.

ori prea ori mult prea fără Dumnezeu,
ne coboram, urcând, prin întâmplare,
pe axa dintre om şi semizeu,
insomniaci cu semne de întrebare.

ce-a fost nu va mai fi dar poate da,
răspunsul paşte simplu în fiecare,
pe turma mea de îndoieli, pe turma ta,
se răstigneşte în sine o chemare.

Secvenţă

Ce frumoşi sunt macii când zâmbesc
şi ce roşu tropoteşte iarba deasă,
din caleaşca verii lung clipesc
dimineţi şi zboruri de mătasă.

Un parfum de nard împărătesc
îmi trezeşte parcă iar copilăria,
amintiri prin suflet tălmăcesc
într-un fel de pace reveria...

Ce frumosi sunt macii cand zambesc.

SUCIU MIHAELA

Ana

Ana nu s-a oprit nici o clipă
Din drumul ei
Dumnezeu i-a dat obstacole
Prea uşor de învins
Prin iubire.

A copleşit-o cu semne cumplite
Spera să cedeze,
Să se oprească
Să uite de iubitul ei
care aştepta flămând
Coşul cu pâine şi vin.

Într-un final,
beat de gelozie
L-a lăsat pe Manole
să o zidească
Să o înalte în gloria Sa
Ucigând totodată
Pruncul nenăscut
Menit să salveze din nou
Omenirea..

Diavolul a ras încetişor,
Remarcând că Dumnezeu nu a învăţat încă nimic...

Drobul de sare

De ceva vreme mă frământă o -ntrebare
Va amintiţi celebrul drob de sare?

277

E încă - acolo, stă cuminte pe dulap
Şi n-a căzut chiar nimănui în cap.

De vină este Creangă, arză-l focul
Că a stricat femeilor norocul.
A dat prilej bărbatului să iasă
Motiv să fugă repede din casă

Să nu se-ntoarcă până-i pruncul mare
Şi este gata chiar de-nsuratoare.
Iar când a revenit , simţindu-şi vina
Nevasta i-a dat strai curat şi cina..

Bărbatul, preaslăvind prostia omenească
Ce i-a dat voie liber să trăiască
Fiului drag, că dar de-nsuratoare
I-a dat desigur, drobul sfânt de sare

Copacii

Timizi, copacii mei cei verzi
Şi din păduri şi din livezi
s-au îmbrăcat cu straie noi
crezând că-i vor feri de ploi.

Au luat şi galben de la soare
Au luat şi roşul de la floare
Şi văzând păsări călătoare
Credeau că pot şi ei să zboare.

Frunză de frunză, rând pe rând
Se aruncau în gol râzând
Se aşterneau apoi covor
...Murind din dragoste de zbor...

EVRA GARD

Hrană

Mă hrănesc.
Spiritele maeştrilor
îmi dictează volumul
picăturii
ce vine din perfuzie.
pic, pic, pic
curg stropi de cerneală
prin vene
şi foaia albă îşi urmează
descătuşarea
mi-e frică să nu greşesc
spaţiul.

Fleacuri

aţi jignit lacrimile
ce-mi curgeau fără rost
şi ceea ce este mai sfânt
dinaintea naşterii mele,
sărbătoream
revenirea intr-un colocviu
pentru a fi judecat
fără tăgadă
să mă apăr,
nu aveţi teamă
moartea bate în fiecare zi la uşă

Somnifere

nici un calmant
împotriva durerii
de iubire
pentru "a te îndrăgosti"
găseşti peste tot

Mamă,

ai fost
valul
ce m-a izbit cu furie
am fost doar
castelul de nisip
construit la ţărmul marii.

Nu vei sti

Nu-ţi doresc să stii
cum iubesc poetii vechiul cânt
şi cum se iubesc în nopţi cu lună
se despoaie de primul cânt
sub umbra imensitaţii cerului

Ş-apoi nu-ţi doresc să ştii
cum poeţii se unesc în taină
privind înspre abis
amintirile te surprind
dintr-un trecut îndepărtat
mirat vei lua aminte
de cel ce conduce
orchestra dulce a iubirii.

IONUȚ CALOTĂ

tăieturi cu oglinda

un poem în lucru
răsturnat pe podea
un scaun biped
urmărindu-mă mirat
un mic desen revoltat
căruia îi plac formele rotunde
și cu vârfuri
nimicuri
orele când te aștept să apari
toate astea nu sunt decât
tăieturi cu oglinda
prin camera mea
tristă

ezitare

lumina rămâne încurcată
în părul ei

ca o întrebare
ea traversează camera

cireșul împarte
manifeste albe pe stradă
iar eu nu pot să adorm

pe balconul meu
se întâlnește noaptea
cu ziua

absent

cuvintele tale
se desprind din mine
fără de margini sunt înăuntru
şi în afară
zidesc strigătul între palmele tale
mâinile noastre se ating
şi se amestecă
mâinile noastre sunt cuvinte
în timp ce ziua de ieri
aproape că se vindecă

oblaidon

în timp ce mă gândesc la tine
oraşul curge pe străzi
o lavă albă transparentă
casele se lichefiază
se preling prin ferestre
zmeiele se desprind singure de asfalt
şi zboară până la coapsa ruginită a podului
eu alerg desculţ pe pod
ieri ţi-am purtat visele
şi de atunci nu mai gândesc
cu gândurile mele

IOAN GROŞESCU

Focuri se-aprind

Doamne, mănâncă rugina copacii,
fluturii adorm de mireasmă,
ploile toamnei curată agheasmă,
de sete cirezile, pe mirişti, pasc macii.

Stă să crape bobul de strugure,
de-aşteptări, pepenii-şi sar din ţâţâni,
stele pe raze de lună se-aruncă-n fântâni,
nopţile, reci adieri face frunza să tremure.

Mai ţine-ţi, Doamne, îngerii-n cer!
De nunţi pământul musteşte,
oiştea Carului Mare sticleşte
când luna strecoară sub stoguri mister.

Focuri se-aprind în chindie pe dealuri,
zarea-i ticsită de zboruri, orbeşte,
râul neliniştea-şi zbate-ntre maluri.
Doamne, mai păsuieşte!

Linia lui Kant

Ceea ce fac acum gândul meu a făcut,
ceea ce trăiesc acum gândul meu a trăit,
nimic din ceea ce mi se întâmplă
nu mi s-a mai întâmâplat.

Sunt cel împins de gândul meu afară,
sunt apriorica mea formă onestă,
întocmai, propriul meu docil efect,
cauza infinitei mele existenţe.

283

Scriu, doar tocul mi-e străin, iar punctul
se prelungeşte în cuvinte ştiute dinainte.
Calc pe gândul împietrit al pietrei
pe propriu-mi gând, la infinit.

Nu e nevoie să fiu trezit,
linia trasă de mine, punctul gândit
mi-l poartă la infinit, uneori fără mine,
viitorul luîndu-mi trecutul pe umeri.

M-a strigat cineva

M-a strigat aseară cineva la poartă.
Nălucă trec printre trunchiuri crestate,
ce soartă! doborât cu steauă în frunte…
Câte stele! Doamne, vieţi pe săturate!
Tată, răspunde, norule, adiere, îţi zic,
de ce pleci noaptea pe ceaţă de-acasă?
Sângelui nostru nu-i stă-n cale nimic,
nici securea-ndoielii, nici vreme vântoasă,
caii frunzoşi până-n zări să-i deşele
s-ajungă acasă.
Aşteaptă-mă tată, nu te grăbi,
doar sufletul pe umeri să-mi pun
de frig să nu tremur, foc să îndur,
sângele să mi-l ţin, nărăvaşul nebun
şi-atunci, oh, atunci
nopţi oricât de smoloase le voi albi
s-ajung să te recunosc de departe.
M-a strigat cineva aseară
cât aş fi vrut să deschid,
un cearcăn din nord m-a oprit,
îl văd şi azi, nor îngheţat licărind… Nord licărind!

MIHU EUGENIA

Auriu de România
Glossă

Ți-ai pus auriu de România
În cosițe dalbe de mătasă,
Ți-ai cusut cu râuri limpezi ia
Ca să fii de-a pururea frumoasă.

Galbenul precum e chihlimbarul
Luminează zările și glia
Căci din focul ce l-a scos amnarul
Ți-ai pus auriu de Romania.

Din ciorchini ai stors licoare pură,
Băutură zeilor pe masă,
Și ți-ai pus amprentă, dulcea gură,
În cosițe dalbe de mătasă.

Ai mânat mistreții spre devale,
Te-ai luat în zbor cu ciocârlia
Și pe poala dealurilor tale
Ți-ai cusut cu râuri limpezi ia.

Ca să nu mai dârdâi și acuma
Ți-ai pus, toamnă, haina cea mai groasă
Iar la ochi te-ai rimelat cu bruma
Ca să fii de-a pururea frumoasă.

Ca să fii de-a pururea frumoasă
Ți-ai cusut cu râuri limpezi ia,
În cosițe dalbe de mătasă
Ți-ai pus auriu de Romania.

Dorul şi privighetoarea

Dacă ţi-aş fi iubită, ţi-aş săruta cuvântul
Şi buzele răscoapte, cu gustul de tristeţe,
Dar sunt petala smulsă, ce-o pribegeşte vântul
Ori diamantul brut, dar pur, cu şapte feţe.

Dacă ţi-aş fi iubită, te-aş răstigni în vers,
Precum a fost Iisus pe crucea lui cea sfântă,
Şi ţi-aş clădi altare de rugă-n univers,
Dar sunt privighetoarea, cu o aripă frântă.

Măcar şi pentru-un ceas, dacă ţi-aş fi iubită,
Aş şti să vin la tine din depărtări de zare
Şi-aş naviga-n oceanul de stele pe orbită
Cercând cu stăruinţă s-ascult a ta chemare.

Dacă ţi-aş fi iubită, atât, pentru o zi,
M-aş lepăda de mine şi ţi-aş întinde mâna
Şi ramură-copacii pe noi ar desfrunzi
Şi ne-am preface-n stele sau una cu ţărâna.

Dar sunt atâta doar, răscruce la popas
Ce-arată două sensuri: spre dragostea din noi
Sau spre un rupt din lume, sihastru de pripas
Ce-i călător prin viaţa de-aici şi de apoi.

La o margine de dor

La o margine de lume, la o margine de dor,
Este un locaş anume, o căsuţă cu pridvor.
Are rozmarin la poartă iar la uşă busuioc
Dar acel ce e 'năuntru-i fost-a fără de noroc.

Laviţa pe care şede e sculptată, primitoare,
Însă pardoseala-i plânge urmele de la picioare.
Iar pereţii sunt din lemn din cel fin, de calitate,
Doar că nu au nici un geam, nu poate privi în spate.

Nici în faţă, nici la dreapta, nici în jos, nici spre apus
Şi nu va privi de-acuma nici spre cerul care-i sus,
Nici în gândul fără gânduri, nici în trupul fără trup,
Nici în ochii celor care din piept, lăcrimând, şi-l rup.

Pe pereţi are brocarturi, iar pe masă lumânări
Care luminează noaptea drumului prin alte zări.
Ce imagini ireale! În căsuţa din poveste
Este-o amintire sfântă despre-acel ce nu mai este...

La o margine de lume, la o margine de gând,
Este-o cruce neştiută ce-o sărut în vis, plângând...

Cum tac, când tac

Aseară n-am putut să scriu, că mi-a fost dorul călător
Și-a fost pribeag prin alte veacuri, pe-aripi de ciocârlii în
zbor.
Dar astăzi scriu că s-a întors pe prispă și în atriul drept
Și-acuma tare se frământă, să plece sau să-mi stea în
piept?

Că a venit un zburător, de la vreo câțiva ani lumină.

DANIEL POPA

Destin

lui Brâncuşi

Minunile se arătau odinioară
Până şi sub pietre le găseai
Odihnindu-se
Uneori fulgerau orizonturi
Sau împodobeau mările
Alteori deveneau zâne
Pentru a fi mai aproape
Le invoci
Prin foşnet de vânt
Prin cântec de păsări
Prin ochi de copil
Or mai fi îmblânzite vreodată
Să lege pământul de cer

Emfază

Aştern într-un anotimp
Perdele de gânduri
Sări pe fereastră
Acoperă unda
Am o durere grozavă
Lista ar putea continua
Se aruncă universul în mine
Îşi caută originea
Conştiinţa mea devine o piedică
La nesfârşit
Voi nu mă vreţi pentru ceea ce sunt
Voi mă vreţi pentru ceeea ce vreţi să fiu
O spune el

(Artistul care nu mă lasă să dorm)
Da
Ştiu că sună absurd acest poem
El se naşte din
Ceea ce ne naştem cu toţii
De aceea îl renegăm
Aruncaţi-vă în apa
Ce se reinventează
Cu ea însăşi
Eu vă voi urma
Cu siguranţă vă voi urma
(Zâmbesc iar în sinea mea)
Pe unde voi scăpa
Dar staţi
Mi-am lăsat viitorul la prima scară
(Sau la a doua-nu mai ştiu-
Vă rog să mă scuzaţi)
Înaintez prin eternitate
Fără niciun scop
Găsesc din întâmplare un e şi un u
(Poate că şi întâmplarea are cauza ei)
Adoarme liniştit prima parte din mine
(Fără somn nu există renaştere)
Rătăcesc printre cuvinte
O iau oricând de la capăt
Caut calea de a fi
Una cu mine
Pentru totdeauna

Vină

Nu cunosc de ajuns anotimpul din părul tău
De aceea vântul trece enigmatic
Lumina ingenuă se răsfiră molatic pe margini
Întoarcerea iluziei nu mai pare posibilă

Îmi arunc amăgirile în universuri paralele
Nu mai pot să caut răspunsuri abstracte
Visele se dezintegrează între atomii memoriei
Şocul epocii se estompează în neant

Calul de foc paşte liniştit la marginea lumii
El vine negreşit să mă îngâne în vise
Acolo el doarme până îl trezeşte foamea
Ducerea lui la abator va naşte controverse

Binom

Între două ferestre
Ale aceleiaşi nelinişti
Spirala sufletului se înalţă
Îmi văd eul
Plecat în căutarea sinelui
Implozia stelară
Se anunţă mai devreme
Turnul din cartea de tarot
Invadat de lumină
Şi-a făcut rostul prea bine
Nu te supăra
Că eu exist prin simboluri

LIVIU MATOANU

ziua a început cu o ploaie
lungă și tăcută

1.
ziua a început cu o ploaie lungă și tăcută
la fel ca trupurile noastre unse de eforturi nocturne
oul de dimineață parcă m-a mai întremat

încercam să devin atent / împotriva ceții din
bucătărie / și priveam
cum picurii de cafea se curgeau regulat
și se regăseau
într-un întuneric de cameră obscură;

afară cred că este doar un singur călător;

se aude un foșnet amestecat cu două sunete scurte

câinele ăsta este doar jumătate de câine / are doar un cap
latră la cerul argintiu și la pământul albit / l-am văzut

într-o fotografie de pe la o mie nouă sute și ceva
era
cu o ureche îndreptată spre obiectiv

părea că lătra și atunci
cine știe / poate fotograful era cărunt
sau poate vedea prin el oasele lui tot albe;

2.
aşa au trecut o jumătate de oră
şi încă una
de parcă erau o noapte şi o zi petrecute
pe potecile umbrite / printre maşini rebele
parcate peste tot / tăcute ca într-un cimitir

şi nu puteam să nu îmi închipui
că una dintre ele eşti chiar tu.

am văzut-o din nou

am văzut-o din nou / părea o avansare liniştită în trafic
era într-un juke / se vedea pe rama albă a ochelarilor ei
de soare că era rătăcită / în alte dăţi aterizase
pur şi simplu pe bordurile refugiilor de tramvaie

nu-mi vine să cred că nu spun
„nu-mi vine să cred ochilor" sau măcar
„doamne / asta e bună de legat / ia-o mai aproape

cred că este destul de lată în umeri să o pui
să ţină pe frunte o cameră video pentru mersul în pantă"

nu mai departe de săptămâna trecută am văzut-o
cum rula în sens invers pe berzei / nu era singură

balerina din dreapra ţinea în mână
foaia roză a unei amenzi / tocmai văzusem una
la ghişeul de taxe / m-a zărit

şi a întors brusc / a luat-o pe linia tramvaiului / a trecut
bordura şi a rămas o clipă suspendată / era mai înaltă
decât îşi închipuise / nu am mai văzut decât că

intrase cu botul pe banda a doua / ca o vietate canină
înțepenită între ulucile gardului / eu am virat spre

parcul cazavillan și mă gândeam la uriașul ceas
pus pe frontonul primăriei de tatăl lui mușatescu
oare ce frază i-a trecut prin minte când
l-a văzut gata pus / cu limbile strălucind ca lăncile noi;

și zilele trecute

se plimba pe lângă mine / aparent din întâmplare
arăta că știa de tratativele mele domnul farmacist

dar cuvintele mele nu mai sunt rostite către el

farmacistul a uitat complet cum să combine elementele
el tace mai mult / liniștea ține loc de lumină.

2.
se mai pot descrie nenumărate întâmplări
se mai poate pune o fotografie în albumul
albastru / agitația străzii aduce cu sine un murmur

zilnic

și / iată / ochelari fumurii separă lumina
de propriul întuneric / dar oare cine așteaptă
o clipă / ca această gărgăriță să termine de urcat
îngusta frunză de iarbă.

MATEI PILEA

Muza

Am luat
cuvintele tale de jar
ce pluteau în dimineața de sticlă
și am ars împreună cu ele,
până ce iubirile, amintirile și
culorile vieții
s-au topit într-o formă.

Până îmi veți citi rândurile,
voi sta captiv
și o să vă privesc
dintr-o piatră de chihlimbar.

Înainte să pleci

Ți-am luat:

Petalele de maci
de pe sâni și din buze
și le-am lăsat să îmi ardă pe tâmple;

Umbrele mâinilor tale-
le-am făcut labirint de iubire
în care să mă pierd;

Visurile-
ce îmi făceau
fiecare dimineață strălucitoare;

Privirea-
ce pictează o nouă toamnă,
ce arde pădurile dintre noi;

Curcubeul din zâmbetul tău
şi l-am pus în zâmbetul meu;

Floarea sălbatică de sub pântec,
încărcată de roua dorinţelor
şi am făcut din ea poezie;

Vocea ta-
cântec de sirenă
am pus-o în trupul meu-
o scoică goală,
să îmi umple singurătatea.

Şi acum, iartă-mă
Iubire
dacă m-am îndrăgostit de tine
mai mult decât de mine!

Parfumuri

La marginea mării
m-am dezbrăcat de toate iubirile arse.

Peste rugul rămas,
geometria perfectă a surâsului tău
arunca în aer
lumini de crini şi cuvinte
ce continuau să mă recompună.

Câteodată mai simt
o înviere a parfumurilor din amintiri
şi amintirile din parfumuri.

Singurătăţi

Memoria mea-
infinită ardere
în urma paşilor tăi.

Uneori simt
a ta singurătate
aşternându-se peste singurătatea mea
şi aud doar cuvintele tale-
o muzică albă,
o tandră ninsoare-
formându-mi nesfârşite zăpezi
prin gând şi prin trup.

Tu!
căprioară!
cu fluturi treziţi în stomac,
ce îţi adulmeci tristeţea,
dormi liniştită,

Inima ta este la mine!

Mâinile de catifea

Iubire, mi-ai pus mâinile de catifea la ochi,
ca să ghicesc cine ești.

Am început să te iubesc mai mult
În dimineața albă de mătase,
Un răsărit schimbat într-un sărut,
Pe chipul tău încet se așezase.

Am început să te răsfăț mai mult,
Să-ți scriu mai multă poezie
Și m-ai lăsat intens să te sărut,
Pe trupul tău- lumină aurie.

Privire de cafea în dimineață,
Ești vis din care mă trezesc,
Dansăm frumos noi doi prin viață,
Ești muza ce m-ajută să trăiesc.

Și nimeni n-o să-mi spună ce să fac,
Și cum, și cât să te iubesc,
Ființa ta îmi este leac,
Ești fata-n care dorul îmi găsesc.

Pe marea infinită de săruturi,
Iubita mea, eu vin, știi bine,
Să fim ca într-un joc de fluturi,
În care eu o să mă pierd în tine.

Indice de autori